나는 걸었고
세상은 말했다

길 위에서 배운 말

나는 걸었고
세상은 말했다

변종모 지음

시공사

당신의 일출이 효력이지 않았지만
분명 눈은 더 크게 나를 불렀다.
마음이 안다.
우리는
말없이 가장 큰 소리를 나눴다.
부정이 고갯짓 할 허공이 없다.
빽빽하게 당신이,
그때의 우리가,
아직
내 안에 산다.

다하지 못한 말이 있었다.
그것은 끝내 삼키고 묵혔으나 세상에서 사라진 말이 아니다.
네게도 나에게도 영원한 것이다.
지울 수 없는 것이다.
우리가 함께였다는 시간의 사실,
한사코 말을 누르며 마음만 키우던 반편의 사정,
그러나 너는 들었을 것이다.
말하지 않아도 이미, 벌써, 그때,

네가 내 전부라고 수도 없이 고백하던 그 소리를.

생각한다는 것은
마음에 지문을 찍는 것
말한다는 것은
세상에 문신을 새기는 것

그것들을 옮긴다는 것은
마음에 세상 지도를 달리 그린다는 것.

Prologue

당신의 말과 세상의 말,
그 경계의 일들

문득 가슴이 답답해질 때면 또 아득한 마음속의 일들을 생각하며 수많던 길 위의 날을 떠올려본다. 그 길 위에서 내게 닿았던 흔하고 흔한 말들이 소중하다.

낯설 때가 있다. 내가 나를 보는 일. 엄밀히 말하면 낯설다기보다 어색하다. 스스로 각인한 나를 누군가에게 설명하는 일은 항상 어렵다. 누구나 단 한 가지 표현으로 규정되는 것이 아닌데 너는 이렇다, 라는 말을 듣거나 내가 표명하지 않은 나를 상대의 언어로 단정 짓게 되는 일은 이상하게 불편했다. 아니, 싫었지만 싫다고 할 수 없었으니 약간은 빗나가는 감정이 맺혔다 해야 솔직할 것 같다. 머리의 생각과 가슴의 기억이 달라서일지도 모르겠다.

당신도 그렇다. 당신을 그저 사랑스럽다고만 말하기엔 괜스레 미안했다. 내가 보았던 세상의 모든 하늘과 바다 또한 그냥 아름답다거나 멋지다고만 표현하기엔 역시 부족하여 내 언어에 불만이 일었던 것처럼. 그 불편한 마음들을 쓸어내리고 자주 스스로를 본다. 내가 익히 알고 있는, 세상이 내게 가르쳐준 말들을 살핀다. 틀림과 다름의 사이에 놓인 고유한 감정을 더듬는다. 좋은 것을 보고 그냥 좋다고만 말하다가 좋은 것에 붙인 '그냥', 정도의 부사가 겸연스레 미안할 때가 많은 이유도 찾는다. 그럴 때마다 내 앞에 나타난 현상들이 과부하를 일으켰다. 정리가 필요했고 그 일기는 온통 당신과 세상을 세밀히 보고자 하는 일념으로 메워졌다.

   쓴다는 노동은 당신의 안과 세상의 밖으로 갈수록 나에게는 안성맞춤의 동행자였다. 그로 인해 떠남이 잦아졌으나 여행은 더 깊어졌으니 즐거운 일이었을 수도 있겠다. 행선지도 정하지 않은 채 걷고 또 걷던 어느 낯선 길에서, 남쪽으로 향하며 지난 길 위의 날들을 차곡차곡 살려내던 낡은 기차 안에서, 몸을 접고 새벽을 건너야 하던 불빛 하나 없이 덜컹거리는 좁은 버스 안에서, 떠나온 곳도 도착할 곳도 나를 버린 사람도 내가 돌아선 사람도 하얗게 지워지는 사막 한가운데 서서 그렇게 새긴 말들이다. 때로는 내가 본 세상엔 블루만 존재한다 우기고 싶던 지중해 해안가에 우두커니 서 있던 때나, 벼랑길이 까마득한 북인도를 돌며 당신을 절대 떠나지 않던 내 마음이 이미 수천 미터의 그 낭떠러지로 내녀셔진 때나, 은하수가 달빛을 가리며 환하게 드리우는 들판에 누워 내리는 별빛들을 온몸으로 받고 있을 때 마음에 쓴 말들이다. 그러니 표현에 한계는 있겠지만 거짓은 아닐 것이다.

세상이 사람을 거칠고 험하게 부리는 동안 자칫 덜 채워 던져진 말들을 전부라 여기며 피곤하게 살아가지만 분명 세상에 드러나 있는 많은 말이 사뭇 다르게 느껴질 때가 있기에 그중 내게 유리한 말들로 혼자 위로를 삼아야 한다. 그마저도 모자라면 나만의 의미를 따로 두고 위로 위에 위로를 얹는 말들로 즐거움을 찾아야 한다.

이런 생각의 장소는 해돋이를 볼 때마다 '이제부터라도 인생을 더 열심히 살겠다'며 불끈 새로운 다짐을 하게 되는 히말라야의 안나푸르나여도 괜찮고 일상의 반복과 속도가 모여 분주하게 북적이는 뉴욕의 패스트푸드점 맨 뒷자리여도 상관없을 것이다. 여행지에서 가져온 한 귀퉁이의 말들이지만 이는 행복과 불행, 모든 것이다. 결국 우리는 이 모든 것에 속해 있거나 언저리에서 살고 있으므로. 다만 한마디 말이라도 입 밖의 소리가 된 것은 순간의 내 마음이었고 한순간의 당신 마음이기도 할 것이다.

그렇듯 말이란 내게는 마음이다. 마음에서 약속된 말이 발을 움직였고 걸음이 다다르는 곳에서 다시 새로운 마음이 들었다. 몸이 어디에 있는지는 중요하지 않았다. 떠나서야 비로소 나의 마음을 보았고 자주 너의 마음을 생각했다. 세상은 늘 많은 것을 가르치려 하지만 스스로 마음을 열지 않으면 아무것도 배울 수 없는 것처럼 그때서야 너와 나의 지난 일들이 이해되기도 했다. 모든 것은 나로부터 비롯되고 스스로를 돌아볼 줄 알아야 세상의 다반사를 의식하고 너의 마음을 인식하는 일이 가능하기에.

길 위의 모든 존재가 열어준 나의 마음과 생각들과 낯선 길에게 감사하고 그 길에서 스친 낯선 사람들에게 또한 감사한다. 그대들이 가르쳐준 말들과 내 속에서 훌쩍 탈피한 나만의 언어들. 그것을 당신이 알아도 좋고 몰라도 좋지만 세상을 향해 피어나는 많은 마음의 소리 중 한 가닥 정도로만 이해해준다면 나는 또 그대의 좋은 마음에 용기를 내볼 것이다.

2014년 제주도에서

contents

Prologue
당신의 말과 세상의 말, 그 경계의 일들 10

1장 길 위에서 만난 말들

◇◇◇

길 20	바다 76	눈 128
꽃 26	거울 82	안개 132
대화 32	진심 86	비 136
여행 38	어린이 92	허공 142
천국 42	청춘 96	바람 148
사랑 46	세월 102	그림자 152
산책 52	봄 106	밤 156
집 58	여름 112	새벽 160
도시 64	가을 116	달 166
시장 70	겨울 122	눈물 172

2장 내 안의 말들

◇◇◇◇

꿈 180	구속 222	선택 262
생일 188	배려 226	기도 268
존재 192	침묵 232	용서 274
예감 196	변명 236	우연 278
지금 200	충고 242	차이 282
현실과비현실 204	마음 246	흔적 288
맹세 210	골목 250	고백 292
기억 216	열정 256	

3장 길 위에 두고 온 말들

◇◇◇◇

친구 298	인연 338	희생 370
노래 302	행복 342	거짓말 374
나눔 308	희망 346	실수 382
생활 314	외로움 350	귀가 386
이웃 320	문제 356	운명 392
동행 324	몸살 360	끝 396
술 330	축복 366	시작 402

Epilogue
다시, 그날의 바람이 분다. 410

Words learned on the road

1장

길 위에서
만난 말들

안녕, 하고 인사하는 음성마다 높낮이가 달랐다. 잘 가라고 흔드는 손, 그 흔들림은 더욱 달랐다. 흔한 마음으로 전하는 고맙단 말마저 무심의 정도가 달랐다. 모든 것이 달랐다. 처음 걷는 길 위에서의 발아래 흙도, 가슴까지 스미는 공기도, 하늘을 가르는 새가 향한 방향도 달리 보였다. 낯선 것이었다. 익숙하던 모든 일이 새롭고 새로웠다. 뿌리째 새로워진 마음은 새로운 걸음을 재촉했다. 열흘이면 열흘, 백일이면 백일을 떠돌며 해가 바뀌면 바뀌는 대로 차곡차곡 살아냈다. 일상을 박아둔 그 여행 중에 내가 만난 말들, 내 것으로 만들고 싶던 말들, 그러고도 내가 내던진 말들, 기꺼이 나를 받아준 말들과 뒤편으로 나를 밀어낸 말들, 너와 내가 자주 나누었던 평범했던 말들, 그래서 더욱 다정했던 말들을 꺼내 하나하나 어루만지며 걸어본다.

어느 날 너에게서 비롯된 모든 단어가 여러 날로 겹쳐 내게로 왔다. 그리고 문득 떠오르는 그 모든 소리가 어딘가로 사라질까 두려워 자꾸만 불러다가 만져보며, 쓸어보며 지금도 걷는다. 오래오래.

길

끝이 보이지 않아도 가야 하는 방향.
새 길은 무수하고 때마다 두 갈림길 앞에 우리가 있다.

내 발 끝을 보고 길이 끝나는 끝을 상상하고
그곳까지 이어지는 모든 것을 본다.
길은 걷는 일이기도 하지만 보는 일이기도하다.
길은 보려고 하는 사람에게만 보이므로.
길은 가려고 하는 사람에게만 열려 있으므로.
그렇게 나는 길 위에 줄을 긋는다.
그것이 내 속으로 이어질 것이다.
그리고 그것을 잡고 그곳으로 향한다.
그러니까 길은 발로 걷는 것이 아니다.
마음으로 차며 나아가는 것이다.

From _ Pakistan

구름이 발아래 펼쳐졌다. 어떤 구름은 뺨을 스쳤고 가슴속을 통과했다. 분명 그랬다. 세상 가장 높은 곳이니 가능한 일이다. 중국에서 시작되어 파키스탄으로 이어지는 카라코람하이웨이는 세상에서 가장 험하고 높은 곳을 관통하는 길 중 하나다. 그 길에서 자꾸만 정신이 아득해졌지만 가슴은 난데없이 시원했다. 우리가 한평생 살다가 어느 날 홀연히 떠나는 그 길처럼 나는 한 번도 본 적 없고 상상해보지 못한 그 길 위에 서서 오래도록 지난날을 되짚었다. 바람은 지독했고 구름은 발아래 가득했다. 기대는커녕 한 번도 꿈꾸지 못한 곳에 서서 미래를 꿈꾸고 현재를 짚어본다. 그곳은 세상 가장 높은 곳이므로 그만큼 위태로운 흔들림이 많았으나 흔들리지 않으려면 더욱 중심을 잡을 수밖에 없었다. 그러다 보니 나의 길이 조금 보이는 듯도 했다. 가고자 하는 길을 의심하지 않기, 망설이지 않기, 주저앉지 않기.

   길은 거짓말을 하지 않기에 내가 나를 속이지만 않는다면 생을 끝까지 아름답게 걸을 것이라는 자신감도 생겼다. 사람의 일생도 다르지 않아서 이왕 들어선 길이라 나아갈 밖에 도리가 없으니 주춤거리고 망설이다 나의 길에서 나를 잃지만 않는다면 그걸로 되었다 여기기로 했다. 구름을 헤치고 구름을 밟고 걷다 여기 돌아왔으니 예서 못 지날 길이 내게 무슨 문제인가.

꽃
,
당신 스스로 가장 아름다울 때, 그때 보이는 모든 것.

손톱달 걸린 깊은 밤,
바람에 꽃잎이 지는 소리가 들린다.
그것이 비단 바람 소리가 전부라 해도
내 귀에는 여린 잎 떨어지는 소리다.
저 꽃들이 다 지기 전에
내일은 꼭 남은 꽃길을 걸어야지 생각한다.
그리고
이 밤엔 꽃처럼 환한 얼굴 하나 떠올려야지 생각하며 잠을 청하는데
도무지 생각나지 않는다.
내 곁의 무수한 것이 분명 꽃이었을 텐데
나는 꽃을 본 기억이 멀다.
달이 차야 꽃도 본다더니
누구라도 꽃이 될 수 있지만
누구나 꽃을 보게 되는 건 아닌 모양이다.

From _ India

그날 아침의 호수는 잔잔했지만 그 앞에 선 나의 마음은 일렁거렸다. 멀리 히말라야의 설산이 구름처럼 호수에 비치던 그곳은 북인도의 스리나가르였다. 그 비현실적인 풍경을 뚫고 조용히 다가오던 꽃배 한 척.

"꽃을 사시겠어요?"

노인의 음성은 호수처럼 잔잔했고 나의 마음은 잠시 수면 위에 있는 꽃배처럼 흔들렸다.

"저는 여행자입니다. 꽃은 필요 없어요!"

그러자 노인은 말했다.

"꽃을 보면 마음이 꽃처럼 아름다워지는 법이라오! 아름다운 마음으로 바라보는 세상은 더욱 아름답지 않겠소!"

어디선가 많이 들어본 말 같기도 하고 한번은 누군가가 내게 그런 말을 직접 했던 것 같기도 하다. 이내 저편으로 멀어져가는 꽃배를 바라보며 호수처럼 깊은 생각에 빠졌다.

인도 어디를 가든지 흔하게 꽃을 볼 수 있다. 그들이 품고 사는 신의 신전에도, 집 앞에도, 머리에도 손에도, 그들은 매일 일상처럼 꽃으로 감사를 전하고 꽃을 바라보며 꽃처럼 아름다운 마음이 되어 선하고 환한 얼굴로 인사를 했다. 부자여도 가난한 사람이어도 꽃은 누구에게나 아름다운 존재이기에.

그의 말이 진리다. 꽃을 사랑하는 자, 꽃처럼 아름답지 않은 자 있을까? 사랑하라. 꽃을 사랑하듯 그대의 마음을 사랑하고, 꽃을 바라보듯 타인을 바라보라. 그 아름다운 근거로 세상은 조금 더 아름다워질 것이다. 그의 말을 새겨 다짐한다. 내일 아침에는 반드시 소담한 꽃 한 다발 사서 배낭 위에라도 올려야겠다. 그리고 내일 처음 만나는 사람에게 그 꽃을 선물하는 장면을 상상한다. 괜스레 조금 더 환해진 마음. 그대 마음이 꽃이면 세상은 모두가 꽃이리라!

대화

들어야 들리는 것.

아무리 배가 고파도 남의 말을 잘라먹어서는 안 됩니다.
아무리 비좁아도 남의 말 중간에 끼어드는 건 불편합니다.
다 듣고 나서 말해도 그리 급할 것 없는 인생.
길게 말하지 않아도 우리에겐 긴 인생이 남아 있습니다.
진중하게 들어주고
진심으로 이해하고
그러고서 말을 해도 괜찮을 삶.
듣고 나면 분명히 들리는 것이 있습니다.

From _ On the road

자주 길을 나서는 나에게 사람들이 묻는다.

"그 많은 나라를 여행하시면 그곳 사람들과 대화는 어떻게 하시고 소통은 어찌하나요?"

오래전 길을 나서기 전, 처음 가졌던 두려움이었다. 그때를 떠올리면서 씨익 웃음을 물고 농담을 섞어 말한다.

"잘생긴 얼굴이 있지 않습니까? 하하하. 꼭 소리일 필요는 없잖아요. 손발이 있지 않습니까? 우스꽝스러운 팬터마임을 하기도 하고 종이건 땅바닥이건 그림을 그리기도 하죠."

사실 오래오래 길 위에 있는 사람이라면 알겠지만 대부분 견디지 못하는 것은 통하지 않는 말보다 전할 수 없는 마음이다. 물론 자신이 사용할 수 있는 언어가 다양하다면야 더 좋은 기회를 가질 수 있는 것은 자명한

일이다. 자신의 의지를 조금 더 자세하게 전할 수 있을 것이므로. 하지만 무슨 수로 이 지구상의 언어를 다 알 수 있단 말인가? 질문 속에 가장 크게 있는 의도는 자신의 안전이나 편리함에 대한 보장일 것이다. 그런 소통만 한다면 크게 어렵지 않을 수도 있다. 몇 가지의 생존 언어만 터득해 떠나면 되니까. 하지만 그들이 또는 내가 길 위에 서는 이유가 단지 그게 전분가? 아니지 않은가? 세상과의 소통이 아니던가? 그것이 단지 말만으로 설명할 수 있는 일이겠는가? 고맙다 또는 미안하다는 아주 간단한 이 한마디의 말만 생각해보더라도 쉽게 알 수 있다. 말은 간단히 전할 수 있지만 진심대로 전하는 건 오로지 자신의 몫이다. 그 말을 전하기 전에 진심으로 당신은 고맙고 진심으로 미안하길 바란다.

'이심전심' 불변의 법칙. 당신이 진심이면 통한다. 그것이 진정한 소통의 첫 걸음이다. 유창한 언어로 소통의 시간을 줄일 수는 있겠지만 더디

가더라도 정확하게 가는 길은 말보다 진심이다. 당신의 가슴을 열고 당신의 진심 어린 눈이 상대를 향하는 일. 그것이 자연스럽게 된다면 당신은 세상 어딜 가든지 두렵지 않을 것이다. 그렇게 말보다 먼저 다스려야 할 마음이 있고 입보다 먼저 열어야 할 진심이 있다. 아무리 다급한 일이 생겨도 당신이 진심으로 누군가에게 손을 내민다면 어쩌면 그 누군가가 먼저 연필을 꺼내 들 것이고 언어가 통하든 막히든 환하게 웃으며 곁에서 당신을 도울 것이다. 그렇게 낯선 이와도 오랜 소통이 가능해지는 여행. 그런 여행을 하길 바란다.

사람 관계가 비단 여행지에서만 그럴까? 자신의 욕망을 줄이고 상대의 마음에 귀를 기울여야 한다. 당신의 목적만 우선하는 대화는 지금 현재 당신이 가장 사랑하는 사람에게서도 통하지 않는 말이다. 소통. 서로 통하기를 원한다면 스스로 마음의 통로를 먼저 열어야 한다. 말은 소리보다 마음이므로. 자기 진심을 믿고 그것에 정성을 들여야 한다.
머리가 종용하는 말보다 가슴이 소리하는 말이 더 잘 통하는 것을 누군들 모를까만.

여행

마음과 생각을 더 순조롭게 움직일 수 있는 행위.
꿈의 텐션.

벗어나서 합류하는 일.

떠나서 돌아보는 일.

마음을 싸매는 일.

멀리서 당신을 기억하는 일.

그리운 것들을 잊지 않는 일.

그리하여 돌아올 수밖에 없는 일.

지울 수는 없으나 다시 쓸 수는 있는 일.

From _ Thailand

사랑은 그 사랑을 약속함으로써 끝난다고 했던가. 이를테면 결혼이라든가!(우스갯소리다.) 여행은 어떤가. 계획함으로써 이미 시작이 아닌가. 이를테면 살아온 인생을 새로 짚어 과거와 화해할 기회를 얻는 거랄지.

지금의 모든 허상보다 조금 더 진짜인 것을 느낄 수만 있다면 세상 어디로든 나서고 싶었다. 벗어나면 그때부터 새것을 만난다. 날내가 진동하는 새 세상이 있다. 전엔 몰랐던 미지의 감정이 모조리 튀어 오른다. 설명이 어려워 눌러둔 변명들이 아우성친다. 진짜를 갈망하는 나 같은 사람은 그 때문에 자꾸 떠나려 하는 것이다. 가방에 필요한 것들을 꾸역꾸역 챙기다 불현듯 생각했다. 그 어떤 것에라도 한 번만 더 가슴속 진동을 느낄 수만 있다면 지금보다 나아질 일이라고. 그럴 수 있다면 금기된 불안과 최악의 불편을 감수하더라도, 아무리 험한 길 위라 해도 나를 놓을 수 있다고. 진짜를 봐야지만 기정 진실이 되는 세상이므로. 나도 나의 진짜를 만나야겠기에, 나만이 나를 보듬을 수 있기에, 당신을 용서해야겠기에, 다시 누군가를 사랑해야겠기에 그리고 어떤 식으로든 살아야겠기에.

천국

;

그대를 볼 수 있는 자리.
그대와 앉았던 그 자리.

누군가 물었다.
"당신이 생각하는 가장 아름다운 곳은 어디였나요?"
망설임 없이 대답했다.
"혼자가 아니라면 그 어디라도 아름답죠.
함께라면 어딘들 아름답지 않을 것이며
함께라면 그곳이 바로 천국이죠!"

From _ Pakistan

저 밖을, 저 바깥 풍경을 바라보며 온종일 움직이지 못하고 침대에 누워 담배만 피워댄다. 바람에 스르르 문이 열린다. 아무도 없다. 침대 끝에 매달려 있는 듯 보이는 저 하얀 설산은 7천 미터가 넘는다고 했다.

저토록 아름다운 것을 보는데 왜 이토록 가슴속에 모래가 가득할까? 왜 아름다운 것을 보고도 좋은 마음이 되지 못하는 것일까? 이건 너 때문에 내 안에서 일어나는 일이지만 너의 잘못도, 누구의 잘못도 아니다. 내 잘못조차도 아니다. 때로는 세상 어느 끝으로 내빼더라도 도망가지 못할 마음이 있고 저편 어디를 뒤져도 마음에 들이지 못할 것이 있다. 혼자서는 도저히 어쩔 수 없는 마음을 앓고 또 앓는다.

그 마음 하나 다스리지 못해 몸을 누르고 생각을 끊어내며 저 풍경만 살핀다. 너를 불러다 앉혔다가, 곁에 두었다가 그러면서 언제 그런 날이 올까 생각만 해도 무작정 감정이 벅차올라 배고픈지 모르겠다. 다만 이 풍경을 나만 바라보고 있다는 것이 공복의 쓰라림처럼 울렁거릴 뿐. 지금 이 천국이라 생각하기도 하지만 홀로인 천국이 존재할까? 그것이 소용 있을까?

다시 바람에 문이 스르르 열리면 잠시라도 좋으니 네가 거기 서 있으면 좋겠다.

사랑

;

가장 흔해야 하고 무엇보다 절박해야 하며
누구보다 순수해야 이루어지는 것.

잠깐, 아주 잠깐.
모든 것은 그렇게 순간, 그저 순간.
고함칠 수 없는 외마디 비명으로
삶도 죽음도 분노도 슬픔도 아픔도 이별마저도 찰나.
그것들 안에 가장 짧은 것은 사랑.
사랑하고도 사랑인 줄 몰랐다가 떠나고 나니
나는 이제야 당신을 내 사랑이라 부르네.

From _ France & Germany

#1

사랑하오.

하늘을 사랑하고 바다를 사랑하고

구름과 태양을, 바람과 공기를

그리고 그 아래 모든 것을 사랑하오.

내게 의미가 되어준 사람들을 사랑하고

사랑으로 사랑을 준 그대를 사랑하오.

그대의 기쁨을, 슬픔을 사랑하고

그대의 사랑을, 진심을 사랑하고

그대의 전부를 남김 없이 사랑하오.

그러니

그대를 사랑하는 나를 또한 사랑하려오.

이런 나를 사랑하려오.

사랑 때문에 생지옥을 오가던 숱한 악몽의 시간을 기억하오만

그때가 사랑의 발원이며 그것이 내 광기의 전부이지 않소.

사랑할 수 있을 때 사랑하려 하오.

사랑이 남았을 때 사랑하겠소.

내 마음을 질질 끌어다 다시 지옥 불에 던지시오.

고통도 사랑이라면 그마저도 사랑하리다.

#2

온몸의 감각을 다 사용해도 절대 알 수 없는 '얼마큼'. 그게 알고 싶었다. 얼마큼 나를 생각하는지, 얼마큼 나를 좋아하는지, 얼마큼 나를 사랑하는지. 묻고 또 묻는다 한들, 그 대답을 들었다 한들, 그게 하늘만큼이든 땅만큼이든 시원치 않을진대. 이상하게 나는 캐묻기를 반복했고 그 시원치도 않은 대답을 다시 듣고 싶어 했다. 말이 다 뭐라고. 마음 없는 소리라면 그게 다 무슨 소용이라고.

모든 사람은 단 한 순간도 사랑하지 않은 적 없다. 하지만 사랑하지 않고도 하루는 가고 사랑 한 번 못 해보고도 한평생은 지날 테지만 사랑하는 마음 없이 살았다면 그건 삶이 아니다. 사랑받는 일보다 사랑할 수 있는 마음이 더 큰 사랑이므로. 너는 나를 보며 잠시 웃었지만 아직도 그것은 내게 일생인 것처럼.

사랑은 사랑을 사랑으로서 생명처럼 여기며 마음부터 진귀하게 가꿔야 할 일, 사는 동안 늘 말보다 행동으로 해야 할 일인 것이다.

산책

세상의 단음과 자신의 장음을 교환하는 일.

길 위에 일기를 쓰는 일.
숨 붙은 책을 읽는 일.
자신에게 묻고 우주에게 답을 듣는 일.
걷는 동안 얻는 가장 흔한 축복.

From _ Jordan

혼자라는 생각이 들면 버림받은 느낌이 골수에 덕지덕지 엉겨 붙었다. 그럴 때면 벌떡 일어나 아침부터 밤까지 걸었다. 그저 걸어야 했다. 옆구리가 아프고 미간이 맞붙고 두 다리가 떨릴 때까지. 그렇게 걷고 걷다 보면 많은 사념이 발아래 밟히기도 했다. 나는 왜 길로 나서는지, 왜 여행자가 되었는지, 어찌하여 툭하면 배낭을 싸 메고 낯선 곳들을 떠돌며 당신에게서 돌아서야 했는지, 사는 동안 그저 움직여야 할 때와 떠나야 할 때를 잘 알았다고만 해두자. 내 사람이라 믿었던 사람이 나를 더 이상 원하지 않는 것을 알면서도 그 곁을 서성이는 것은 함께 있어도 버림받은 것이다. 보이지 않는 차디찬 외면들이 자꾸 나를 밀어냈다.

　떠나야 했다. 돌아서야 했다. 등뼈에 묵직하게 걸린 인연 대신 어디든 풀어 헤칠 수 있는 배낭을 메고 마냥 걸어야 했다. 정처가 없었고 기다리는 사람도 없었지만 걷다 보면 어느 낯선 공간에 닿아 조금은 환영받는 것 같은 내가 있었다. 아무런 환호성도 없고 박수도 없는 외로운 환영일지나 그 순간에는 위로였고 가질 수 있는 전부였다. 그렇기에 걷는 일은 멈출 수 없는 일이기도 했다. 때로는 이유 없이 그러고 싶었고 그러고보면 그럴싸한 이유 하나 정도는 생겼다. 주저앉아 울음을 쏟는 대신 현기증이 일 만큼 걷다 보면 그 어딘가에는 내 슬픔과 다른 빛을 가진 세상이 존재했고 거기에 새 희망도 있었고 그대라는 따뜻함도 스쳤으니 걷는 일은 내가 제일 잘할 수 있는 일이며 가장 행복한 일이다.

낯선 곳에서 산책을 해본 적 있는가? 그것은 새로운 책 한 권을 읽는 일이기도 하다. 어떨 때는 제목에 이끌린 책이라도 첫 장을 펼치고 난 뒤 마지막 장까지 궁금해지는 안달과는 비교되지 않을 정도로 흥미진진하다. 그대가 어느 날 찾아간 낯선 곳에서 더 이상의 계획이 없다면 무조건 하늘을 보고 그 아래 열린 길, 그 끝까지 나서보라. 멀리 더 멀리 나아가라. 그러다 돌아오면 세상에 단 한 권뿐인 그대만의 책을 갖게 된다. 두 발의 기록, 두 눈이라는 뷰파인더 거기다 가장 완벽한 일기장인 그대의 마음. 그것은 오래오래 사라지지 않을 그대만의 책이다. 크지만 무겁지 않은 다뿍한 이야기, 작지만 가볍지 않은 소소한 행복들. 그렇게 세상의 등분이 아닌 나만의 비율을 맞춘 책.

그 유일무이한 귀함을 품어보기를.

집

모든 의식을 싹 틔우는 곳.
휴식의 충만한 애인.

언제부턴가 내 안팎의 공간이 쓸쓸하지 않았다.
"그럼, 우리 집으로 와."라는 말을 하고 싶은 대상이 있다는 것.
누군가의 진심을 챙길 마음 한 자리 있다는 사실.
"그럼, 내게 말해봐."라고 말할 수 있는 여유가 있다는 것.
고마움과 따뜻함은 거기서 그렇게 시작되었다.
이 정도면 된 것이다. 그 고마움을 생각치는 의식.
그 의식 끝에 당신의 마음을 받아서 걸어둔다.
목적지는 내가 있는 여기, 내 집이다. 내 속이다.
서로의 허기를 덜어줄 수 있다는 것만으로도
평화는 온전히 우리만의 몫이 된다.
어쩌면 사람의 반평생은 그 속에 남고 나머지 반이 세상을 돌지 모르겠다.
그 비례식이 깨질 때를 경계하라.
그때 날카로워지는 신경은
당신 마음의 송곳니와 손톱을 자꾸만 자라게 할 것이다.

From _ France

그런 것일 테지. 문득문득 마음 한구석이 허하고 어딘지 모르게 통증이 일 때, 이상한 두통과 멀미로 메슥거려 아무것도 할 수 없을 때, 그럴 때 떠오르곤 하지. 아무리 멀리 떨어져 나와도 철석같이 내 어딘가에 붙어 있는 느낌. 지겹다는 말만 수천 번 뱉다가 떠났다손 치더라도 만만한 조강지처처럼 결국 언제든 돌아가면 받아줄 것이라 믿는 곳. 적금을 든 것처럼 든든한 마음으로 기댈 수 있는 곳. 여차하면 퍼질러 앉아 울어도 되는 곳. 늘 누군가와 함께하고 싶은 곳. 그게 너라면 더 좋을 곳.

어느 낯선 곳의 새로운 공간에 어쩌다 머물러도 그곳이 나 살던 집 같으면 좋아지는 것이지. 거기 어느 한 부분은 너의 집과도 닮길 원한다. 가령 이런 것들. 창가에 놓인 책상의 방향, 그 창으로 드는 저녁노을의 위치, 그 옆에 놓인 흔들의자, 그 시간에 올라오는 아랫집의 밥 짓는 냄새, 식탁에 모인 사람들의 웃음소리. 그곳이 어디라도 상관없다. 사랑하는 사람들이 언제든 달려올 거리라면 더욱 좋겠지. 사람의 집이란, 누군가의 터란 그런 곳이지. 절대로 꺼지지 않는 촛불 하나 켜두고 나를 기다리는 곳, 들어서기 무섭게 밥 냄새가 나는 곳, 허기를 채워주고 몸을 쉬게 하는 곳, 잠들기 낯설지 않은 곳. 그런 곳을 말하는 것이지. 이왕이면 너도 함께인 곳, 너만 좋다면 평생 틀어박힐 곳, 평생 할 말이 사랑한단 말 한마디가 전부인 그런 곳 말이지.

도시

화려한 웅덩이.
세계적인 미궁.
희망이라는 아릿한 성곽.

오로지 너만 전부라고 생각하며 뛰어들었다.

내가 생산해낼 수 있는 모든 것을 위해 혼신의 힘을 다했지만 결과는 멀고 나는 아직 이 도시를 여전히 배회할 뿐이다.

달콤한 한마디 때문에 사력을 다해 불길로 날아드는 나방처럼 지쳐가면서도 너를 놓지 못했다. 온통 반짝이는 것뿐이지만 결코 내 것이 될 수 없는 풍경. 네가 이 도시를 사랑한다고 말했을 때 나는 너를 잘 알지도 못하면서 손을 잡았다. 얼마 지나지 않아 너는 잡았던 내 손을 뿌리친 채 화려한 불빛 속으로 사라졌고 내 마음만 수렁이다. 늪 같은 웅덩이다. 여전히 네가 있는 그곳은 한시도 쉬지 않고 맹렬하게 반짝이는데 바라보는 내 마음만 폐허다.

반짝이는 것은 언제나 잠시. 함부로 속아서는 안 될 일이었다.

From _ United States of America, San Francisco

도시에 살면서 도시를 탐험하는 일이 잦았다. 일종의 산책이었지만 빌딩 숲 속을 작정하고 걸을 때면 산책이라기보다 탐험이라는 생각이 먼저 들었다. 피해야 할 것이 너무 많고 할 것도 너무 많으며 하지 말아야 할 것 또한 넘쳐나게 많지만 어쨌거나 궁금한 것도, 할 것도 많은 게 사실이다. 그러나 내겐 산책이 곧 탐험이다. 도시탐험.

도시는 내게 많은 편리성을 보장하지만 그 속에서 이유 없이 소외되기도 한다. 규칙에 잘 따르는 사람이거나 그것을 교묘히 잘 어기는 사람이라면 가장 효율적인 공간이기도 하겠지만 내겐 그저 이도 득도 없이 끝나는 탐험이 대부분이다. "오늘도 무사히!"라는 구호를 속으로 외치게 되는 동굴 속을 걷기, 위태로운 벼랑에 서기, 거대한 암벽을 오르기 같은 것을 하는 기분이랄까.

한때 도시의 어딘가를 걷노라면 내가 비둘기 같다는 생각도 했었다. 거대한 백화점이나 빌딩 그늘의 보호를 받으며 먹이를 좇아 분주한 사람들의 다리 사이로 위태롭게 뒤뚱대는 비둘기. 도시의 비둘기들은 날아다니는 일보다 걷는 일에 더 익숙해야 한다. 보장된 미래를 위해서는 생명을 담보로 뛰어들 수도 있는 문제다. 다만 잠시라도 긴장을 늦추면 남아 있는 생을 줄여야 할 판.

도시는 자존심을 버려야 희망을 바랄 수 있는 곳, 동료는 이미 동료가 아니고 나는 더 이상 내가 아닌 채 엉켜 살아야 겨우 얼어 죽지 않는 곳이다. 나라고 무엇이 다르겠는가. 모든 것이 계획처럼 잘 되지 않았다. 탐험

치고도 최악의 조건일지 모른다. 누군가 제공하겠다는 많은 것은 결국 그들만을 위한 것. 이타와 이기뿐인 도시 곳곳엔 함정이 많다. 잘못 발을 내디디면 영원히 그 높은 빌딩 숲에서 빠져나오는 길을 잃을 수도 있다.

그대, 이 도시에서 자신만의 나침반을 가졌는가. 도시에서 믿을 수 있는 것은 그것 하나일지 모른다.

시장

;

소유와 기억 그 사이의 것을 사러 갑시다.
이곳은 당신이 애타하는 '존재'를 팝니다.

만약 당신이 헷갈리는 것이 있다면 그곳으로 가라!
그곳에서 조금 더 명확해질 수 있으니.
그곳에서 조금 더 복잡해질 수 있으니.
겪지 않고 살았다 말할 수 없듯 그곳은 모든 체험이다.
그곳엔 우리가 필요로 하는 대부분이 진열되어 있다.
과거와 현재 그리고 미래까지도.
정신과 마음 그리고 영혼까지도.
사는 이유 한 가지쯤은 거스름으로 챙겨가기를.

From _ On the road

시장에 갑니다. 딱히 살 것이 있어서는 아닙니다. 시장에 갑니다. 그곳에 가면 늘 생각나는 것들이 있습니다. 젊은 엄마의 구불구불 파마머리와 이혼한 큰형수의 착한 음성 그리고 내 아버지를 닮은 급하고 괴팍한 노인의 모습입니다. 저는 시장에 그런 것들을 사러 갑니다. 내게는 불편했던 것들이나 그리웠던 것들, 지금은 절대로 만날 수 없는 일상의 존재들. 세월이 가져갔거나 고단한 생활이 끊어놓기도 한 기억들이 시장에 가면 비슷하게 남아 있습니다. 생각하지 않아도 좋을 과거의 기억들을 사러 갑니다. 이제는 불편한 마음도 없고 그리운 마음마저 무뎌져 그저 약간의 애틋함으로 그들이 그랬듯 나도 그렇게 늙어가는 겁니다. 그런 눈으로 그들을 봅니다.
　스스로 궁금해했거나 나를 사랑했던 무수한 것이 가끔 생각날 때 시장에 가면 만날 수 있습니다. 비록 그날들처럼 과장되게 인사하거나 참견하지 못하는 안타까움은 있지만 이제 나도 늙어가는 마음으로 지금의 나보다 젊었을 어머니를 생각하고 어디선가 선한 음성을 들으면 한때 가족이었다가 어느 순간 남이 되어버린 형수도 생각합니다. 때라는 말이 있어요. 모든 것은 돌아서면 아무것도 아니죠. 그렇게 지나가면 미움도 원망도 없이 좋은 기억이나 그 속의 소중함만 남아요. 어느 날 문득 그것들이 절절하게 떠오를 때 그곳이 어느 나라든, 나 있는 곳이 얼마나 떨어졌든 무조건 상관없이 달려갑니다. 나는 그럽니다. 시장에 가면 살 수 없는 많은 것이 있어 보이지 않는 그것들을 사러 시장에 갑니다.

바다

,

일종의 고해성사를 하는 곳.
하늘이 숨긴 블루 110*.

발밑에
밀려드는 것 모두가 희망이며
쓸려나가는 것 모두가 절망이 되기도 하지만
끊임없이 출렁거려야 삶이다.
멀리 보라!
미동도 없이 평온하게 펼쳐진 깊은 수심 위의 수평선을 보라.
고통과 절망의 빛들이 푸른 슬픔 뒤로 사라지는 것을!

*전문가가 나눈 블루의 종류는 110가지라고 한다. 사람들이 저마다 가진 슬픔의 색은 어쩌면 그보다 더 많은 종류가 있을지도 모른다.

From _ Cuba

바다, 바다들. 사람들은 자주 바다로 가려 한다. 가를 수 없는 하나의 존재를 나누어 가진 사람들은 유독 바다를 그리워하고 바다를 꿈꾼다. 저마다 다른 사연을 품고 와서 바다와 마주 서길 좋아한다. 이상하게도 슬프고 아픈 사람들이 바다를 더 찾는다. 삶에 지친 사람들이 바다를 위로라고 여긴다. 백사장의 무수한 발자국을 보라. 어느 것 하나 야무지게 파고들지 않은 것이 있는지. 엄지발가락에 힘을 주며 삼키던 슬픈 마음과 뒤꿈치 깊숙이 박힌 수많은 애환. 바다를 향해 내던지고 싶은 그것들. 그럴수록 당신은 자주 바다와 같이 넓은 것들을 생각하라. 파도가 허물어줄 모래성 같은 감정을 믿으라. 상상 속에 일렁이는 푸른 물결 같은 희망을 꺼내 보라.

문득 바다가 보고 싶다고 뱉어버린 그 말, 대체 무엇일까? 눈물이 날 만큼 외로울 때 내 마음속 깊이 출렁이던 것이, 피어오르던 것이, 아른거리던 것이, 도대체 무엇이건대 바다를 떠올리게 만들까?

나는 자주 황량한 마음이 들 때 바다를 생각한다. 내가 보았던 인적 없는 바닷가와 사람들이 남기고 간 수많은 발자국. 생각해보면 한 번도 외롭지 않았을 장소. 세상의 모든 블루가 모여 있기에 나 하나의 슬픔 따윈 파랗게 한 번 부서지면 그만인 곳. 눈앞에서 몇 천 번의 파도가 쳐도 결국 그대로인 그곳에 서면 당장의 흔들림쯤이야 아무렇지 않게 견뎌낼 수 있는 힘을 받는다.

바다는 그냥 바라보는 곳이 아니라 던지는 곳이다. 쓸어내는 곳이다. 그리고 결국에는 건져내는 곳이기도 하다. 당신이 버리고자 하는 아픔들을 거두고 당신이 바라는 희망을 빌게 된다. 우리가 자주 바다를 생각하게 되는 것은 어쩌면 바다가 우리를 부르는 것일지 모른다. 바다가……..

거울

;

인생의 반사체.
보는 만큼 보이고 살아온 만큼 살아지는 것.

삶은 거울이다.
나의 모든 행위가 결과로 비쳐지는 삶은 거울이다.
모든 삶이 거울과 같다면 얼마나 좋을까마는
결과만 선명하고 또렷이 보인다.
그래도 역시 삶은 거울이다.
그렇게 봐야 하는 것이다.
한 치의 일그러짐도 없이 비쳐진다고 믿는,
삶은 거울이어야 한다.

From _ Iran, Bandar Abbas

검은 차도르를 한 여인들이 한 무리의 그림자처럼 지나간다. 베일에 가려진 그녀들의 얼굴은 어떤 얼굴일까 하는 궁금증보다 앞이 보이는지, 앞을 보고는 다니는지 그것이 더 궁금하다. 하지만 상관없는 일이다. 어차피 얼굴을 다 내놓고, 다 보고 산다고 낱낱이 기억하는 일이 몇이나 되던가? 사람의 얼굴을 기억하게 되는 이유가 진정 얼굴에만 있는 것이 아니니 사실 징작 궁금해야 할 것은 얼굴이 아닌 거다. 보는 사람도 답답한데 저걸 뒤집어쓴 사람은 오죽할까 싶다가도 뭔가 속은 편하지 않을까 멋대로 생각해본다.

한 1년가량 거울조차 보지 않은 적이 있다. 아니다. 어쩌다 보긴 봤으나 딱히 신경 쓰며 본 적이 없다. 평소보다 조금 지저분한 나여도 언제나 환히 웃으며 인사하던 사람들이 있었고 나나 그들이나 얼굴 생김 때문에 서로에게 친절했던 건 아니었다. 그들의 얼굴이나 내 얼굴이나 사람 얼굴이니 대충 비슷하고 조금은 닮은 구석도 있지 않겠는가. 뭐, 낯설면 얼마나 낯설었겠으며 잘나고 못났으면 얼마나 잘나고 못났겠는가. 게다가 그때 내가 만나던 대부분의 사람 역시 거울을 보고 사는 사람은 그리 많지 않았다. 그게 문제가 될 건 없었다. 얼굴에 뭐가 묻으면 앞사람이 말해주거나 닦아주고 그 사람이 웃으면 금방 따라 웃고. 그렇게 마주 보는 그 얼굴이 거울이었다.

문득 당신이라는 환한 거울 앞에 서고 싶다. 당신이 환하면 나도 환해질 것이므로. 당신이 웃으면 나도 따라 웃게 될 것이므로.

진심

나의 가장 깊은 곳.
진실의 알리바이.

느리지만 정확한 것.
하지만 빠르게 이해되는 것.
깊숙이 감동되는 것.

진심은 자신만의 것이 아니라 모두의 것이어야 한다.
그런 이유로 내가 가장 먼저 사랑할 수 있는 것이어야 한다.

나만의 진심이라면 무슨 소용인가?
그것이 때로는 타인의 거짓일 수도 있는데.

From _ India, Varanasi

이상하게 가슴이 떨릴 때가 있다. 누가 나를 기다리는 것도 아니고 와달라 부른 적도 없는데 마음 한편이 자꾸만 먼 곳으로 기우는 것을 느꼈다. 올 수밖에 도리가 없었다. 아그라에서 18시간의 밤기차, 소똥, 피부병에 걸린 개들, 시체가 타는 냄새, 어깨가 부딪히는 좁은 골목. 더 이상 바뀔 수도 없고 바뀌지도 않을 이 지독한 골목을 생각하면 항상 가슴이 뛰었기에. 누가 내게 시켰겠는가? 시킨다고 할 수 있는 일인가? 어디 심장이라는 것이 뛰란다고 별것도 아닌 것에 쿵쿵거리기야 하겠나? 그저 마음이 그랬다.

눈에 보이는 그 모든 것은 사실 따지고 보면 아무것도 아니다. 살다가 슬쩍 눈 한 번 감으면 그만인 것들을 무시하지도 묵과하지도 못하고 당장 눈앞에 보이는 현상에 절절매며 내 마음을 힘들게 하는 나조차 한없이 답답하고 어려울 때 이 바라나시를 떠올린다. 하루에도 수십 명이 갠지스 속으로 재가 되어 사라지는 무상한 곳. 지금은 강물이 넘치고 악취가 나는 오물투성이 골목을 질퍽이며 다닐 수밖에 없지만 나는 그래도 이 오래되어 낡은, 낡았다고 아무것도 함부로 버리지 않는, 버린 것이 없으니 변한 것도 없는 이 골목을 진심으로 사랑한다. 비록 아무것도 아니라 할지라도. 다른 이에겐 그저 더럽고 더러운 골목일지라도. 거기 누구도 돌아보지 않은 내 마음, 거기 어디에도 꺼내둘 수 없던 내 사정이 여기 바라나시에 와서야 비로소 숨통을 연다. 진심이라는 하소연이 강물처럼 불어나고 있다.

내 마음속의 가장 깊은 곳, 그곳에 숨어 있던 어느 하나가 불현듯 꿈틀 댄다. 자꾸만 나를 건드린다. 도리 없이 따라 움직일 수밖에 없는 그것. 그것이 진심이다. 나 아닌 누구라 해도 그 마음을 외면하고 견딜 수 있는 사람은 없을 것이다. 진심을 다하기 위해서 우리는 태어나고 진심을 사용해 사랑하지만 어떤 이는 어쩌면 한 번도 진심을 행해보지 못하고 눈을 감을 수도 있는 일이다. 누군들 진심이 뭔지 모르겠는가. 누구라서 진심을 다해 살아가고 진심으로 사랑하고 싶지 않겠는가 말이다.

사는 일 자체가 그렇다. 몸이 건강해야 마음도 건강하다고 하지만 마음이 건강한 사람이 몸을 건강하게 할 수 있다. 예전에 어떤 칼럼에서 물이 곧 몸의 건강을 지키는 보약 1호라며 몸에 수분을 유지해야 병 없이 오래 살 수 있다는 글을 읽었다. 물론 누구나 아는 소리다. 몸이 됐든 마음이 됐든 건강이 우선이라는 것이다. 물이 몸을 지키는 보약이라면 진심은 마음을 지키는 물이다. 몸의 반 이상이 물이듯 마음의 반 이상이 진심이라면 우리는 지키고 싶은 최소한의 것을 지키며 살아갈 수 있단 얘기가 된다. 마음속 물기를 말리지 않는 일, 그것으로 나는 나를 지켜낼 것이다.

어린이
,

어른의 지침서.
누구나 지나온 길.
되돌아갈 순 없어도 되돌아볼 순 있는 길.

나도 한때 아이었다. 당신에게 응석을 부렸고 철부지였다. 하지만 계산할 줄 몰랐고 마음을 사용하는 일에 순수했으며 세상을 보는 눈은 순진했다. 이제 나는 더 이상 아이가 아니다. 엄살은 늘었고 원망이 많아졌으며 증오하기 시작했다. 용서를 모르기 때문에. 반성은 없고 후회만 늘기에.

그렇다. 어른인 우리는 자주 자신의 상황에 솔직하지 못하며 번번이 비겁하여 자신만을 감싸고 알량한 자존심을 지키자고 많은 것을 놓친다. 좋은 걸 좋다 않고 싫은 걸 싫다 못한다. 용기가 없어 거절을 어려워하고 정작 들어줘야 할 부탁은 외면하기 일쑤다.

나도 그런 어른이 되어버렸다.

좋은 것을 보고 좋다고 말하지 않았고 당신이 한 번도 싫었던 적이 없었으나 그 이상 마음을 열지 못했고 사랑하는 마음 앞에 사랑한다는 말을 꺼내 쓰지 못했으며 행복에 욕심을 부려 지금에서 벗어날 궁리로 가득했다. 그냥 넘겨도 될 감정을 부풀려 드러내기도 했다. 슬픔을 과장하거나 외로움을 이용하거나 그리움을 포장하거나 아픔을 도용했다. 그랬다. 감당할 수 있는 것들을 질질 흘리고 감당할 수 없는 것들을 함부로 넘으려 했다. 이루었다 생각이 들쯤엔 싫증이 돋아 결국엔 새로운 도발 아니면 더 편리한 이득을 음모했다.

그런 당신이나 나는, 아이가 아니다.

강자만 좇는 눈은 어제 회 뜬 생선처럼 탁하고 단 소리만 담는 귀는 당나귀처럼 길어지다 못해 고막을 덮어버렸으며 남의 소문이나 들썩대는 입은 박쥐의 성미처럼 거칠어졌다.

생각은 막히고 마음은 닫히고 행동은 멈추고 몸은 늙어가는 일. 행복은 아이 때나 가능한 환상인가? 돌아가지 못할 시간이라고 해도 뒤돌아 그동안 지나온 세월을 더듬어보자. 아이 때의 자신을 만나자. 그 아이에게서 다시 배우자. 그리고 한 번쯤 아이로 살아보는 것이다. 일생 단 한순간만이라도 이미 어른이지만, 그때 그 아이처럼.

From _ On the road

길 위에서 만나는 수많은 아이. 하늘을 닮았거나 물을 닮기도 했다. 풀잎 같기도 꽃잎 같기도 했다. 웃고 있거나 울고 있거나 아이들은 딱 자신 몸집만큼의 상황에 충실했다. 원하는 만큼 원한다고 했고 필요한 만큼 필요하다 했다. 기쁜 만큼 웃었고 슬픈 만큼 울기도 했다. 솔직하기에 가능한 일이다. 아이들은 솔직했다. 아이라서 솔직한 것이다. 그것이 그대로 눈에 들어 있기도 하고 행동하는 몸짓이나 말하는 음성에 들어 있기도 하다. 이 모든 게 서서히 변해 행동의 변성기를 거칠 때 생각과 마음과 행동을 따로 둘 시기쯤, 우리는 더 이상 아이를 아이라고 하지 않는다.

아이는 나이를 가진 게 아니라 순수함을 가졌기 때문에 아이인 것이고 어른은 나이를 가지고 순수함을 잃었기 때문에 어른인 모양이다. 아이의 마음과 아이의 생각은 미완성이기에 완성보다 나은 완벽이다.

길 위에서 내가 만난 수많은 아이, 세상의 모든 아이가 그렇다. 당신이 넘치지 않을 때, 당신이 과하지 않을 때, 당신이 가장 솔직해졌을 때를 생각해보라. 그때 우리는 잠깐 아이 같은 면을 봤다고 말하기도 할 것이다. 아직 당신 안에 있다. 아이였던 당신, 한때는 아이였던 당신이. 그립지 않은가? 그때의 그랬던 당신 말이다.

청춘

;

누구나의 지금.
나이와 상관없이 가장 푸른 시절.

나이의 시기가 아닌 상황의 시절.
시간의 결정이 아닌 판단의 결심.

지속력은 없으나 지구력은 있다.
열정을 뺀 모든 것은 청춘이 아니다.

From _ Pakistan

위태로운 히말라야 산자락 어디에서부터 그림처럼 다가오는 청년이 있다. 아니다, 백발이 무성한 노인이다. 이 첩첩산중에 어울리지 않는 노쇠한 노인이다. 하지만 많은 무리의 양을 몰고 산비탈을 내려오는 그는 청년 이상의 청춘이다. 그 모습이 머리에 하얀 눈을 덮고 있는 거대한 산을 닮았다. 노인이 다가오자 히말라야의 신선한 바람이 내 온몸을 훑는 듯했다. "샬람!"하고 손들어 인사하는 얼굴에는 그의 백발처럼 하얀 미소와 나를 경계하지 않는 깊은 눈빛이 있었다. 양의 올가미를 쥔 그의 팔이 푸르다. 양을 불러 모으는 그 음성이 푸르다. 땅을 짚는 노인의 지팡이 끝을 따라 산의 모든 정기가 그의 몸속으로 푸르게 빨려 들어간다. 이 험한 산중을 살아가기엔 위태로울 늙음이라 생각했지만 이 산 어디에도 뒤지지 않을 완성된 모습이 있었다. 히말라야보다 거대한 삶을 살았을 그. 그곳에서 그는 가장 젊었다.

굽은 허리, 눈처럼 하얀 백발, 자글자글한 주름으로도 청춘을 놓지 않는 노인을 보며 잠시 나는 안도의 숨을 쉬었는지 모른다. 삶을 몸으로만 지탱한다면야 그보다는 내가 충분히 젊지만 내 마음을 돌아보니 그렇지 않음을 알겠다. 허리를 빳빳하게 세우고 내게 질문한다.

'건강한 몸을 가진 나, 마음도 과연 그럴까? 내 앞에 있는 이 노쇠한 노인의 마음이 나보다 푸르고 싱싱한 건 아닐까?'

내 나이 서른 즈음에는 빨리 나이를 더 먹어서 다 이루고 모두 가져 차라리 욕망 없이 살고 싶다는 생각을 참 많이 했지만 지금은 다르다. 몸에는 비록 나이를 얻을지언정 마음과 정신만은 늙고 싶지 않다. 열정만은 놓고 싶지 않다.

노인은 오래도록 히말라야 자락을 지키며 살았을 것이다. 자신이 선택한 삶에 최선을 다하는 하루들을 보냈을 것이다. 별일 없다면 앞으로도 그럴 것이다. 하지만 그는 세상 어디도 가보지 않아도 이미 이 세상을 다 본 듯한 푸른 눈빛을 가졌고 세상을 다 이해하는 듯 인자함이 가득했다. 그것이 청춘일 것이다. 한순간도 멈추지 않고 지속되는 힘의 방향. 그 방향으로 최선을 다해 열정을 기울이는 삶을 살아내는 것.

세월

;

당신이 기억해낼 수 있는 과거부터 바로 '방금'까지의 폭.
타인과 상관없는 유동적인 계산의 시간들.

내게 온 것을 지나치고 때론 외면하는 일.
그런 실수를 반복하며 나이를 먹는다.
늙는다는 것은 싱싱한 현명함을 가진다는 것이리라.
내게 일어나는 현상들을 놓치지 않고
내 실수들을 반성하고 그것을 거듭하지 않는 지혜.
매순간을 가장 젊은 마음으로 살아야 한다.
젊음은 세월이 가져가는 것이나
붙잡으려 들면 붙잡을 수도 있는 것.
순간이 영원이 되는 세월의 다른 쪽 얼굴을 보면
누구나 가장 젊은 채로 죽는다.
우리는 매순간 가장 젊게 살았으므로.

From _ Egypt

이 시간이 또 지나고 나면 우리는 지금을 얼마나 그리워할까요? 세월이란, 시간이란 결국 그리움의 농도가 아닐까요? 아쉬움과 안타까움, 하물며 아깝다는 마음까지 모두 후회 없이 끝까지 가보지 못한 데서 비롯되는 것이죠. 하지만 그 누군들 후회 없는 삶을 살았다고 자부할 수 있을까요? 대부분의 사람은 지나간 시간을 매번 후회하면서 사는 동시에 멀리 있는 미래를 당겨서 걱정하곤 하죠. 과거와 미래보다 중요한 것은 현재라는 것을 뻔히 알면서도 말이에요. 그저 매 순간 가장 열정적인 마음으로 자신 앞에 온 것을 미루어 과거로 만들지 않는 것. 지나간 과거를 현재로 끌어와 미래까지 연결시키지 않는 마음. 오지 않는 미래의 불안을 당겨서 걱정하는 것보다 현재의 잘못된 것을 자세히 보는 것. 세월이라는 말 속에는 과거만 있는 것이 아니라 현재의 의미가 더 깊죠. 결국 지금의 현재가 어느 미래의 과거일 테니까요.

끝도 시작도 없는 어느 시간, 어느 한 부분에 태어나서 당신의 생을 다 소멸할 때까지 어느 순간도 후회는 말아야 하잖아요. 당신은 당신의 세월에게 미안해하면 안 되죠. 그 누구의 것도 아닌 당신의 것인데 미소만은 거두지 말아야죠. 항상 웃어줄 수 있어야죠.

봄

지난 고통은 겨울의 기억이 되고 상실은 봄꽃을 피운다.

자꾸만 웃는다.
세상이 웃고 사람이 웃는다.
기뻐도 웃고 슬퍼도 웃는다.
사계를 돌아 다시 오는 봄처럼
이유 없이 내 주머니 속에 쌓인 좋은 일들
아무리 기다려도 그 사람은 오지 않는 것처럼
시간을 얼리고 마음을 얼리던 겨울의 나쁜 일들.

그게 아무렴 어떤가.
붙잡으려 해도 떠나는 것과
기다리지 않아도 오는 것들 틈으로 이미 꽃은 피는데.
과거는 묻히고 기억은 옅어져 다시 봄이 오고 또 나는 앓는데.
겨울엔 봄만 기다리다가 봄에는 너만 생각하는데.
어쩔까. 울고 말까. 차라리 웃을까.

From _ Laos

 그저 미친놈처럼 웃음이 새어 나왔다. 새벽부터 줄지어 걸어가는 탁발승의 뒷모습을 보면서 저들이나 나나 뭐가 다르겠나, 그저 아무것도 없는 내가 그래도 꽤 괜찮은 것 같아 웃음이 나왔다. 앞으로도 얼마간 더 이렇게 살아도 문제없겠다 싶어서 허허 웃었다. 막 햇살이 들기 시작하는 흰 담벼락 앞으로 붉게 피기 시작한 부겐빌레아도 나를 웃게 했다. 저절로 생겨나기 시작하는 변화들이 느껴지는 시간이었다. 봄이었다. 그 낯선 곳에서도 계절의 생리는 비켜가지 않았다. 저절로 생겨나는 모든 것은 힘을 가진다. 그 기운은 감출 수가 없다. 내 안에서 밖으로 솟는 힘이 아니라 외부에서부터 내 속으로 들어오는 힘을 느끼면 나는 더욱 든든하다. 그럴 때 웃음도 넘친다.

 낯선 봄이었다. 자세히 보면 남들보다 빠른 봄. 내 나라에선 만개하지 않으면 알지 못했던 봄을 쉽게 알아채는 내 감정이 좋았다. 새로운 힘의 계절. 조금만 세상 밖으로 나가도 모든 게 새롭고 지금은 모자라도 이내 풍성해질 거란 기대가 생기고 기분 나쁜 말을 들어도 그럭저럭 넘겨주는 좋은 마음이 저절로 생겨나기도 하는 계절.
 오래 기다렸던 이유다. 내게 봄이란 그런 것이다. 오늘 처음 만난 낯선 사람에게 슬쩍 비밀 이야기 하나쯤 아무렇지 않게 하는 주책처럼 괜히 두근대게 하는 날씨.

익숙하지 않은 낯선 나라에서 불현듯 그녀를 떠올리기도 했다. 봄이었다.

"용서해줄게! 그런 계절에 꽃으로 이별을 던지고 간 너. 미안하다는 말 대신 노란 튤립이 두 송이 핀 화분만 남기고 7월인가에 문자를 해서는 튤립이 졌겠다며 딴 소리만 하던 너. 용서할게."

혼자서 지나도 한참 지난 기억을 불러다 면죄부나 날리던, 그런 봄. 봄은 가끔 사람을 미치게 한다는 것을 그 길에서 알았으므로 나는 실성을 흉내 내며 그저 웃기만 했다.

지금도 봄이다. 꽃가루 날리는 몽롱한 날들이 적잖게 펼쳐지는 이런 계절엔 한 번쯤 미친 척하고 무리한 마음을 먹어도 용납될 때가 있다. 어쩌다 계획이 맞아 떨어지는 횡재도 있을 수 있다.

봄······. 많은 것을 풀어헤치고 받아들이고 이해하는 계절로 삼아야 할 것 같다. 고맙다, 봄아. 너의 모든 것처럼 나도 잠시 무성하게 자라날 것이므로 여유롭게 바라보고 풍성하게 생각해볼 수 있는 날을 기대하련다. 마음껏 푸르르라. 내가 그것을 다 지켜볼 테니. 그 속에서 잠시 모든 걸 잊고 이 길 위에서 너처럼 행복해볼 테니.

여름

,

계절의 낮잠.
뜨거운 꿈의 악명.

가난한 자들의 계절.
멈추지 않는 것이 많아지는 계절.
보호받지 않아도 스스로 안전한 계절.
무더움에 척도를 둔 태양에게 맞서는 것으로 사람들은 휴식한다.

언제나 가장 뜨거운 것은 너다.
모든 것이 낮잠을 자는 시간에도
너의 심장은 다음을 계획한다.
너는 가난하지만 멈추지 않고 기대려 하지도 않는다.
그러나
여유가 흔하고 게으름이 무성한 이 시기에
틀림없이 가장 뜨거워야 하는 것은 바로 우리, 사람이다.

From _ On the road

한낮에 쏟아지는 졸음처럼 창문 너머 풍경이 노곤히 늘어졌다. 도시의 열기가 발아래서 뜨겁게 늘어붙는데 왠지 이곳은 도시에서 밀려난 다른 세상 어디쯤 같다. 가만히 방안에 누워 바람을 덮고 아득했던 지난 여름의 일을 불러다 옆에 눕힌다. 뜨거웠던가? 뜨거웠을 것이다. 그 어디든 처음 가는 곳에선 항상 심장이 먼저 뛰었고 정수리에는 백만 볼트 전류가 흘렀으니 뜨겁지 않았을 리 없다. 무엇이 그토록 뜨거웠는지 기억나지 않지만 내 곁에서 일어나는 모든 현상을 체험하는 일 자체로 몸도 마음도 제 온도보다 높았다. 뜨겁다는 것은 체험이므로.

푸른 바다의 깊은 냄새와 뜨거운 사막의 건조함과 오후 2시의 낡은 버스 안을 내 몸이 기억하고 있다. 저 곳 어딘가에 있는 무엇이건 직접 눈으로 확인하고야 말겠다는 마음으로 자주 길을 나섰던 나이기에 그쪽에 닿았던 기억은 이미 화상 자국 같은 또렷함을 가졌으니 오래도록 간직할 일이긴 하다.

여름. 뜨거운 것을 빼고 여름을 기억할 수나 있을까. 내가 뜨겁게 걸었던 길들을 떠올려 다시 마음에 불을 지핀다. 쉽게 식지 않을 추억들이 마음을 끓게 한다. 지나온 여름의 일들을 불러내도록 여름처럼 살 것이다. 지금보다 조금 더 뜨거워진 마음으로. 나의 삶 대부분은 여름에 이루어지는 것으로 가득하다. 가장 열정적이며 가장 오래도록 태양을 마주하게 되므로 여름만한 계절이 없다. 여름의 힘으로 당신이나 나는 자주 먼 곳으로부터 오는 열병을 앓으므로. 그러니 여름이 부르면 뜨겁고 뜨거워지리라.

가을

;

위로 받거나 폐허가 되는 시기.
그러나 괜찮다는 암시.

괜찮다는 말,
괜찮을 거라는 말,
괜찮아질 거라는 말.

마음이 걸렸다.
하고 싶은 말들을 발끝까지 힘주어 참았다.
붉게 마른 단풍이 그 아래 밟혔다.
괜찮다, 괜찮다며 내 집으로 돌아오는 길.
11월은 아름다웠다.
괜찮은 계절이었다.
나도 괜찮아질 거라며 이를 악물었다.
당신의 말이 잇새에서 신음처럼 뇌어졌다.

"지나고 나면 다 괜찮아진단다."

From _ Germany, Bamberg

어머니. 아, 엄마. 독일의 밤베르크에 닿았어요. 눈물 나게 아름다운 도시여서 마음은 오히려 폐허가 된 기분이에요. 빛이 닿아 알록한 비늘처럼 오래된 골목 사이로 떨어지는 나뭇잎들과 그 곁을 지키듯 존재하는 이 모든 사물 그리고 바람, 공기, 햇살……. 보이지 않는 것들까지 그저 아름답기만 한 이 절대적인 순간에 말이에요.

엄마, 왜 그런 기분 있잖아요? 어디에도 걸려 있지 못하는 이 형편없는 아들처럼 사람들이 터를 두는 세상의 반대편을 끊임없이 떠도는 일이요. 누구에게도 매달리지 못하고 아무도 나를 붙잡아주지 않는다는 구실로 무작정 떠나와 홀로 발견하는 이런 아름다움 앞에서 그런 기분이 자주 들었어요. 모든 것이 다 털려나간 기분이에요.

그런데 어쩝니까? 누구도 내게 떠나라고 말한 적 없고 당신에게조차 떠나겠다고 말한 적 없었잖아요. 모두가 느끼는 아름다움도 때로는 제게 아무것도 아닌 풍경일 수가 있는데 이곳은 뭐가 이렇게 절절한 걸까요? 당신의 이름을 부르고보니 정신은 여기가 아닌 당신 계신 곳 어디쯤을 뒹굴고 온몸은 시큰거려 죽겠습니다. 다 벗어내고 남김없이 서 있는 초연한 나무 아래에서도 여전히 많은 것을 담아놓고 그 어느 것 하나 내던지지 못하는 못남 때문이겠죠.

하지만 사람이면 누구나 알겠죠. 봄이 오면 다시 새순이 돋고 생의 새

살점은 한 잎 한 잎 붙어 잃은 자리의 상처는 언젠가 아문다는 것을. 더 찬란하고 눈부신 빛이 내릴 날도 있다는 것을. 꽃은 피면 지고 진자리마다 아름다운 상흔이 남아 이듬해 더욱 사랑스러운 꽃잎을 올린다는 것을.

이 아들, 괜찮습니다. 삶이 여기서 끝나는 것이 아니니까요. 당신이 제게 주신 말씀처럼 모든 것은 시간이 약이기도 하니까요.

예, 괜찮습니다. 괜찮아요. 어머니.

겨울
;
계절의 4막 12장.
출발을 잉태할 시간.

하고 싶은 말들이 수북이 쌓여 단단해지는 속.
몸짓만 길고 긴 것.
그것은 마음도 아니고 생각도 아닌,
다만 고백의 시간.

언 강을 사이에 두고 너는 듣지 못한다.
건너지 못한 단어들은 쉽게 흩어졌거나 하얗게 굳었다.
하고 싶은 말들을 자꾸만 얼리며 밤은 길어지는데
그 어둠이 짙으니 나는 눈 뜬 장님.

그대 내게 왔었는가.
얼음처럼 냉정히 돌아서 갔는가.
한 치 말 자국을 눌러 내 심장을 죽였는가.
이것이 끝인가, 시작인가.
길어도 언젠가는 끝날 일인가.
끝이 곧 시작이니 그땐 다시 올 텐가.
나를 다시 살릴 텐가.

From _ **Armenia, Yerevan**

겨울이 무엇인지 아느냐? 내가 나에게 물었다. 입은 얼어붙었다. 머리가 가슴에게 묻는다. 아무런 잘못도 이유도 없이 그냥 떨어야 하는 것이 겨울인 걸까. 산다는 것도 때로는 까닭 없이 떨리는 걸까? 아무래도 겨울은 사람의 시절 중에 노년기가 아닐까? 결심보단 결정이, 결정보단 결론이 명료한 삶의 후반처럼 네 번째 계절이 열두 달 신음을 누르는 게 아닐까?

아르메니아 세반호수의 겨울은 정말이지 우주의 모든 추위가 몰려와 칩거하는 거대한 웅덩이 같았다. 모든 것이 끝나고 있다는 생각이 들었다. 몇만 년을 그렇게 버틴 호수를 앞에 두고 다음 계절이 영원히 내겐 오지 않을 것 같은 절망의 추위를 맛보았다.

담배 한 개비가 반도 타지 않던 시간만큼이었다. 내가 선택한 추위니 맞설 방법을 찾아야 했다. 무조건 따뜻한 것을 떠올렸다. 그럴 때는 물리적인 따뜻함보다 정신적인 따뜻함이 훨씬 도움이 된다. 당장 얻을 수 없는 따뜻함보다 늘 내 안에 있는 따뜻함을 떠올려야 한다.

지나간 따뜻한 일들. 다가올 따뜻한 상상. 그 호수에서 걸음을 떼고서야 떠오른 너의 깊은 옆구리 속. 다시 안을 수는 없지만 한때 너의 몸이 내가 가진 가장 따뜻한 부분이었다고 생각하면 한참 아무렇지 않던 추위. 그러나 사랑하지만 사랑한다 말할 수 없었던 그때처럼 그리우나 그립다 말할 수 없는 시간은 다시 칼바람을 맞을 수밖에 없었다.

지금 나는 따뜻한 겨울보다 따뜻한 추억을 원한다. 따뜻한 추억을 나눌 따뜻한 누군가를 원한다. 따뜻한 누군가가 다시 너이길 원한다.

겨울은 이별보다 길지 않지만 너를 그리는 마음은 겨울만큼 춥다.

눈
,

사라지리라는 냉정함.
겨울의 결정적 증거.
냉혹의 별.
소란과 고요의 혼돈.

눈이 온다면
너처럼 와야 한다.
늘 내게 한 번을 주저 없이
커다란 마음으로 쌓이던 너처럼.
나의 마음까지 덮어줄 수 있을 만큼
눈이 온다면 그렇게.
너처럼 와야 한다.

From _ **Germany, Leipzig**

갑자기 사람들이 걸음을 멈추더니 하늘을 올려다본다. 금세 들키고 말 마음속 고백처럼 하얗게 쏟아지는 결정체들. 눈이 내리고 있다. 사람들이 바라보는 것이 하늘인가, 눈인가. 아니면 눈이 데려오는 것, 눈과 함께 오는 것, 눈이 오면 따라오는 추억 같은 것, 그것을 기다리는가. 연인이 있거나 없거나, 친구나 가족이 곁에 있거나 상관없이 누구나 눈 오는 날에 하늘을 올려다보는 이유는 또 다른 기다림이다.

음악의 도시 라이프치히에서 음표처럼 흩날리는 독일의 첫눈을 본다. 나도 그렇다. 눈이 오면 하늘을 보게 되는 습관은 그곳까지 따라왔다. 눈을 맞으며 사람들은 말을 줄였다. 그 시간, 탄성 대신 잠깐의 침묵은 내리는 눈을 마음에 쌓아두기 위해서다. 그 시간, 두 팔을 벌려 너를 안듯이 맞이하는 이유는 가슴으로 쌓아두기 위함이다. 눈은 아무 곳이나 내리지만 쌓이는 곳은 저마다의 가슴이므로.

가슴에 눈꽃이 핀다. 갈비뼈 사이로 환영이 날아든다. 눈처럼 네가 내 안에 쌓이고 쌓이길 원한다. 네 생각은 그 눈이 그쳐도 멈추지 않았다. 푸른 밤 어느 뒷골목 정류장에 네가 서 있을 것만 같다. 내가 이 눈을 봤으니 너도 보겠지. 너도 어쩌다 하늘을 올려다보겠지. 그러다 한 번은 내 생각도 하겠지. 함박눈 쏟아지던 어느 겨울, 네 손을 내 주머니 속에 가두고 서서 한없이 바라보던 추억이 떠올라 한동안 명치가 얼얼한 밤이다.

안개

비와 바람의 계략.
잡히지 않는 당신 같은 실체.
우리 사이에 한때 존재했다는 기억.

오전, 바람이 잠을 자는가 싶더니 하늘과 저 너머가 구분되지 않았다. 안개다.
저 멀리서부터 파도소리가 들렸으나 바다는 없었고 새들은 날아올랐으나 나무를 벗어나지 못했다. 간혹 희미한 밤 그림자처럼 소리를 죽이고 안개 속을 지나 다가온 몇몇 사람도 길을 잃은 듯했다. 한 사람의 뿌연 눈시울이 내 시선을 잡아챘다. 비와 바람의 냄새가 스쳤다. 얄팍한 물비린내가 났다. 순간 생목이 오르고 다른 이의 고단한 삶이 비리게 아려왔다. 먼 길 돌아간들, 끝내 길을 잃은들 어떠랴 싶었다가도 길이 보이지 않으니 절절했을 것이다. 누군가 슬픈 사연이 있다면 숨을 곳 많은 안개 속에서 잠시 운다 한들 그야말로 어떠랴.

하지만 나라면 울지 않겠다. 웃지도 않겠다. 노래하지도 않겠다.
다만 바람처럼 밀려다니며 가려진 저 너머를 상상하리라.

안개 속에서,
내가 상상하는 당신과 당신이 바라는 내 모습이 결코 선명하지 않으나 사는 일이 때로는 안개에 휩싸이지 않고도 갈 길을 잃고 만난 이를 스쳐 보내고 당신을 놓치니 굳이 그것으로 핑계도 댈 수 없는 노릇이다.
세상에 나타난 모든 것 중에 당신 마음만큼 명확하던 것이 있던가.
세상에 감춰진 많은 것 중에 당신 마음만큼 희미하던 것이 또 있던가.
안개라는 옅은 벽을 구실로 못 보았다. 그러니 모른다 하지 마라.
무성한 안개를 만나면 눈을 더 크게 떠라.
더욱 다가서라. 걸음을 멈추지 마라.
두 손을 멀리 뻗어라.

안개가 아무리 심해도 당신은 그렇게 선명히 해야 한다.

From _ United States of America

안개가 연기처럼 범람하던 아침의 나인강, 언제 가더라도 유령처럼 몰려다니던 안개를 만나는 시애틀, 안개였는지 구름이었는지 구분조차 안 되던 고요한 다르질링, 싸락눈 같은 안개가 자주 등공하던 차가운 12월의 예레반, 수증기처럼 뜨거운 밤안개가 있던 인레호수. 안개의 장소는 이뿐만이 아니다. 이란 북부 마슐레에서는 안개가 아침저녁으로 집집마다 인사를 다녔다. 또 솔로몬제도의 푸른빛이 도는 바다 안개는 안개인지 파도가 뿜는 포말인지 알 수 없었다.

   안개가 퍼지는 날이면 어디라도 꿈속이었다. 눈을 떠야 꿀 수 있는 꿈. 꿈은 꾸는 게 아니라 앓는 것이다. 조심할 필요가 있다. 그 몽롱한 풍경 속에서 고작 지나간 기억이나 떠올렸다 지웠다 반복하는 것이라면 말이다. 안개는 자주 추억을 동반한다. 그래서 낯선 곳의 안개는 이별 직후보다 아프고 단단하며 자칫 제자리에서 움직이지 않고도 길을 잃게 할 수 있다. 그러나 추억이 안개처럼 나직이 오래오래 퍼져 앓는 사이에도 시간은 가고 해는 돋고 날이 밝을 것이다. 안개가 사라진 자리에서 더 환한 풍경을 만날 것이다. 우리는 알고 있다. 흐릿한 것은 언젠가는 사라지고 다가올 새 일은 더욱 선명하리란 것을.

비

,

혼자 있을 때 더 자주 내리는 것.

비가 온다. 비는 형태보다 소리가 우선이다. 보이지 않는 검은 밤이지만 눈을 감고서도 느낄 수 있음이 좋다. 너의 모습보다 이상하게 너의 목소리가 먼저였던 날처럼. 너의 모습이 달라져도 달라지지 않을 너의 울림을 기대하는 것처럼.

비오는 날 사람들은 잘 움직이지 않는다. 이미 먼 곳의 누군가를 각자의 마음에서 만나고 있기 때문이다.

From _ **Turkey&India**

#1

 푸른 바다에 비가 내리고 있었다. 바람이 불었는지 노을이 질 시간이었는지 기억나지 않는다. 다만 모든 것이 푸르게 변하고 있었다. 그 푸름이란 바다가 가진 것이 아니라 비가 데려오는 것이었다. 수평선 너머였는지 밀려나는 파도의 끝이었는지 모르지만 다그치는 빗방울에 바다는 이내 푸르렀다. 푸른 것은 슬픔이라 했다. 인적 없는 외로운 바다에 푸른 비라니. 외로움은 세상 어디에서나 닮아 있있다. 아니다. 비가 내리는 시간은 세상 어디든 외로움이 덮친다. 오로지 내 마음만 그랬을까? 아니면 바다 건너 반대편의 너도 그러했을까? 비가 오기 시작했을 때 나는 이미 너에게 건너가 있었는지도 모른다.

 푸르렀다. 그날의 모든 것이.

#2

매일 비가 왔다. 비가 오지 않는 날에도 비는 왔다. 끊임없이 스며들었다. 이 나라 어디에선가 내린 빗물이 이곳으로 흘러 갠지스는 매일 넘쳐나고 대부분의 사람은 아무렇지 않게 비 냄새를 맡는다. 비가 오는 날에도 비가 오지 않는 날에도 바라나시는 항상 비 냄새가 났다. 바라나시를 좋아하는 사람들 대부분은 비를 좋아한다 했으니 아마도 그것은 사람 냄새였는지도 모른다.

날마다 쏟아지는 그 빗소리를 들으며 쉽게 떠나지 못했다. 쏟아지는 빗소리가 사람의 흔적을 닮았다. 누군가의 축축한 목소리, 그리운 사람의 자박한 걸음 소리. 마음이 질퍽질퍽해지는 그 소리들을 그리는 나날이었다. 여행자들은 저마다 비에게 핑계를 대며 하늘을 원망했지만 그건 바라나시를 쉽사리 뜨지 못하는 스스로를 향한 타박이었다. 나도 그랬으니까.

지금 나는 누렇게 흘러가는 갠지스를 떠올려본다. 여기, 비가 내리기 때문이다. 누런 강물 위로 떨어지는 비의 사선을 헤아리며 하루하루를 죽여나가던 그 나날들이 재생된다. 비는 소리를 가져다주므로 그대 멀리 있어도 지금은 내 곁을 서성이고 있다는 환청과 환영. 이 순간만은 반드시 나 혼자가 아니라는 최면 속에 있다.

허공

,

간절한 마음의 눈높이, 그러나 정확하지 않은 위치.
마음을 걸 수 있다면 어디든 허공.

사람들은 자주 하늘을 본다지만
그것은 하늘을 보는 게 아니라 허공을 바라보는 것이다.
하늘은 허공이 아니며 허공엔 하늘이 없다.
그저 아무것도 없어야 하며
그래서 오로지 내 마음만 걸 수 있는 곳이어야 한다.
내게 삶이란 그 간절한 한곳에 마음을 걸고
평생을 그곳으로 향해 걷다가 죽는 일이다.
자주 허공을 바라본다.
마음을 걸 자리를 찾기 위해서.

From _ India

 나딤. 여행자 숙소에서 일하는 어떤 아이의 이름이다. 나딤이 해질녘 낡은 계단을 또 쌩쌩 뛰어올라간다. 청소나 오늘 할 일이 끝난 모양이다. 시체 타는 연기와 석양을 스치는 엷은 구름이 비슷한 농도로 타오르는 시간이다. 이맘쯤에 갠지스 강을 내려다보는 일은 세상 밖의 풍경을 보는 것과 흡사하다. 더구나 모호하고 경계가 불분명한 노을 근처로 시선이 가면 거의 매번 드는 생각이다. 이 시간에 나딤은 매일 연을 날린다. 나딤이 그 세상 밖의 경계가 시작되는 근처로 연을 띄우면 꼭 다음 세상에 무슨 전갈을 보내거나 편지를 쓰는 듯한 느낌이 든다. 나딤은 북쪽에서 왔다고 했다. 나도 북쪽을 다녀온 적이 있다고 말했다. 자기가 사는 그곳에는 항상 하늘에 오색찬란한 천이 휘날리고 있다고 했다. 그것은 아마도 룽다일 것이다.
 "하늘을 보는 게 좋아요! 연을 날리는 게 좋아요! 어제는 엄마 연, 오늘은 아빠 연, 내일은 동생들 연을 띄울 거예요!"
 하늘로 향하는 말들이 적혀 있는 오색찬란한 룽다를 걸고 그것에 마음을 묶어 허공에 띄웠을 것이다. 룽다가 그리워 나딤은 매일 저녁 하늘로, 하늘로 연을 날린다. 허공의 어느 지점에서 연이 빙글빙글 돌거나 아예 움직이지도 않고 처연히 떠 있는 날에도 그 아이의 마음은 북쪽으로 날아가고 있을 것이다. 여린 손으로 잡은 가느다란 연줄이 떨린다. 흔들린다. 그것을 보는 내가 덩달아 떨리고 흔들린다. 자신의 의지대로 살아가고 있지 못하다 보니 마음이라도 그곳으로 띄워놓고 바라보면서 그곳으로 가

는 것이리라. 모두가 그렇게 조금씩 떨리고 흔들리며 각자가 걸어둔 방향으로 마음을 띄워 기원할 것이다. 지금의 흔들림이야 아무것도 아닐 것이다. 흔들려야 닿을 수 있으므로. 흔들리는 모든 것은 살아 있는 것이다. 살기 위한 것이다. 살아남은 것이다. 다만 그렇게 끝까지 가는 일이 남았다. 처연하지만 덤덤하게.

오늘 우리는 나딤의 연이 완전히 어둠 속으로 사라질 때까지 나란히 함께 앉아 이제 막 태어나는 하늘의 무수한 별을 바라보았다. 아무런 말없이 오랜 시간 연이 사라진 방향으로 하늘을 올려다봤다. 높은 곳으로부터 한줄기 바람이 불었다. 허공의 박수 소리를 들었다고 생각했다. 그 바람이 북쪽으로 떠나는 뒷모습마저 보았다고.

바람

,

허공의 하이파이브.
계절의 맥박.
보이지 않게 부딪히는 존재.
바람의 힘은 흔들어놓는 데 있다. 흔들지 못하면 아무것도 아니다.

바람이 분다.
바람이 부는 날은 누군가 올 것만 같다.
아니다, 이미 다녀갔는지도 모른다.
모두가, 모든 것이 쓸려나간 텅 빈 마당 같다.

내가 흔들린다.

어디서 불어오는 바람인가.
아무런 냄새도 흔적도 없이 술렁댄다.
마음 없는 사랑처럼 지나간다.
바람은 절대 머무는 법이 없다.
그 가을, 바람에도 네가 만져졌고 바람만 불어도 너의 냄새가 났다.
추억마저 다 털려 나간 시간.
이제 남은 것 없으니 바람이 불어도 흔들리지 않겠다.
차라리 바람 속에서 잠시 울고 말겠다.
낯선 바람이 불고 네가 생각나고 공기 속에 뼈가 만져진다.
너에 대한 기억들이 천지를 돌다 외로움의 끝자락을 스친다.
사람이 사무치는 날, 언제나 바람이 분다.

From _ United States of America, Seattle

시애틀, 파이크스트리트와 버지니아스트리트의 교차점. 이곳을 지날 때마다 바람이 분다. 회색 건물에서 밀려났거나 검은 도로 위를 스치는 바람일 뿐이지만 너무 깊다. 흔적도 없다. 다만 적요하고 단지 집요하다.

누군가와 같이 오면 좋겠다고 생각했다. 너를 떠올렸을지 모른다. 어디 그곳에서뿐이던가. 너는 바람 부는 곳이라면 어디든 나를 따라다녔다.

"가기 싫다. 여기 당신이랑 그냥 있을까 봐."

그날의 네 목소리는 바람 속에서도 들렸다.

"나를 사랑하니?"

"그게 중요해? 지금 당신이랑 있는데?"

공기 속의 뼈처럼 형태 없는 마음이 덜그럭댔다. 네 전부를 원했던 나는 늘 같은 걸 묻고 너는 그때마다 내 말을 피하다 결국 나를 버렸다. 평생 휘몰아칠 듯 불던 바람이 방향을 틀고 너도 떠났다. 가을이었다.

바람 부는 오늘, 네 생각이 난다. 만날 수도 없는데 말이다. 이제 바람만 불어도 이곳이 그곳 같고 이때가 그때 같고 바람 속에 서면 네가 있을 것 같다. 이상하게도 떠난 네가 바람과 온다. 이상하게도 그런 너를 기다린다. 여기, 바람이 분다.

그림자

진정의 모든 모습.
고단이 파부러져 검게 질린 그늘.

내게서 이루어지는 일들의 결과. 어둡게만 보지 마라.
어둠에도 형태가 있고 당신의 모든 것이 그대로 반영되는 크기가 있다.
내가 움직이고 내가 행동하는 대로 이루어지는 해답과도 같은 것이다.
당신이 만들어온 삶은 신께서 그려준 그림이다.
항상 따라다니며 충고하지만 늘 외면하고 있다.
때로는 그 반영이 나의 희망보다 짧게 비춰지고
때로는 나의 노력보다 거대하게 길어 보일 때도 있다.
하지만 크기와 상관없이 모든 것은 내게서 비롯된 것이다.
그것마저 내 것이다. 살아 있는 한 사라지지 않을 자신이다.
만질 수도 없는 마음과 같고 숨길 수도 없는 생각과 같다.
당신의 보이지 않는 부분도 아름답게 하라. 모든 것이 당신의 것이다.
어느 저녁 무렵 아름답게 늘어지는 당신의 모습을 본다면
당신은 분명 그날 하루도 정성을 다해 살았을 것이다.

From _ **Syria**

아름다웠다. 그 황무지의 적요가 아름다웠다. 해가 기우는 각도만큼 살아나는 그림자의 속도가 생생하게 빨라 마치 먼지 가득한 늙은 황무지 위로 젊고 활기찬 군인들이 살아나는 듯했다. 갑자기 나타나 누군가를 놀리기라도 하려는 듯 계획적이었다. 풀 한 포기 자라지 않는 황무지에 우뚝 선 기둥들이 만드는 그림자를 보면서 지금은 사라져 보이지 않는 그 옛날 팔미라의 생명이 찬 모습을 상상했다.

존재하는 모든 것은 자신의 분량만큼 그림자를 가진다. 반듯한 것은 반듯한 것대로 휘어진 것은 휘어진 것대로. 그렇게 각자 나름의 형태를 가졌으니 그것이 다 사라지는 날까지 자신이 가장 많이 자신의 모습을 살피며 살아야 할 것이다. 태양의 열기에 뜨겁게 부셔졌거나 바람이 그것을 무참하게 무너뜨려도 자신을 부정하지는 못하리라.

어둠이 이내 세상의 한나절을 삼키던 시간이었다. 좋아하는 이의 휘어진 그림자에 슬쩍 내 그림자를 포개놓고 빙긋 웃던 순간도 서서히 저물어갔다. 절대 하나로는 포개질 수 없는 것들에 대한 열망이 내 속 어딘가에 있었다. 단 한 번도 온전히 져주지 않은 과거의 어떤 관계가 기억나 끝내 낡은 기둥처럼 쓰러져 일어나지 못했다. 거대한 대리석 기둥의 그림자에 살짝 나의 그림자를 포개보았다. 내가 보이지 않았다. 뉘엿뉘엿 해가 넘어가고 어둠이 풍경을 덮쳤다.

밤

,
생각의 서식처.
깊을수록 환한 생각.

밤이 길어졌다.

외면당했던 서러운 밤들.
별빛마저 차갑게 떨어지던 시간들.
도무지 환해지지 않던 마음들.
생각의 제자리걸음.
갈등을 처음으로 돌리는 힘.
무서운 적막의 시간들.

불편한 마음일 땐 어두워질수록 감정에 날이 선다.
오늘도 온 힘을 다해 생각을 피워 올리며 잠들지 못한다.
밤의 영원한 묵시는 면역된 적이 없다.
그럴 테면 오라! 깊은 밤이여! 나의 음울한 과거보다 깊지 못하리.
오라! 긴긴 밤이여! 나의 막막한 미래가 너보다 길지 않으리.

From _ Argentina, Ushuaia

지구 끝의 밤. 그곳의 어둠은 유난히 길었다. 그렇게 느껴졌다. 그 끝은 모든 것이 정반대였으므로. 5월의 겨울이었고 그대가 아침일 때 나는 밤이었으므로. 게다가 낯선 곳의 밤이 긴 것은 어쩌면 당연한 일이기도 하다. 익숙한 곳과 멀어진 때문도 있다. 적응을 기다리며 그저 즐길 수밖에.

홀로 된 밤의 마음을 낱낱이 살피다 보면 어느새 환한 새벽. 하지만 무엇이 걱정인가. 밤은 길다. 밤이 낮이 되도록 자신을 되짚는 일이 전부가 되어도 좋다. 아니 그래야만 한다. 그럴수록 다가오는 낮이 환해질 거라 믿는다. 그러려고 이 끝을 찾았으니 홀로 된 긴긴밤에게 지지 않으리라. 그것과 면밀히 공유하며 낯선 어둠 속에서 환하게 빛을 내며 다가올 미래를 기다린다. 품고 있던 절망도 언젠가는 희망의 근원이 되리라. 내 안의 가장 아름다운 부분을 꿈꿔본다. 밤은 아침이 꾸는 꿈. 그리하여 낯선 곳은 밤이 더욱 아름다운 법.

헤아리기 어려운 밤, 그 밤이 깊다. 나락을 헤매도 다시 꿈을 꾸리라. 당신을 만나리라. 꽃길을 걷고 당신 손을 잡으리라. 그곳에서만은 당신을 결코 잃지 않으리라.

새벽

,

매일 매일 찾아오는 새로운 벽.
새로 쓰는 서문.

잠의 어깨를 막고 서서
시작 앞에 버티는 벽이다.
불면의 밤에 들이닥치는 푸른 도발이다.
이 단단한 벽 앞에 그대도 나도 혼자다.
뒤돌아보면 미적지근한 어둠뿐.
나아가 최선을 다해 넘어야 겨우 밝을 아침.
저절로는 찬란해지지 않겠다는 기척.
기대 없인 마중할 수 없는 걸음.

어제의 자리를 털어내고 오늘의 마지막 벽에 대고 쓴다.
"그러나, 두렵지 않다!"라고.

From _ India, Puri

새벽 5시. 평생 바다 위를 떠돌며 살아가는 어촌 마을의 어느 집, 궁색한 여행자의 방. 이곳은 아직 밤이다. 하얀 페인트 자국이 군데군데 벗겨져 나간 작은 방 안이 더 깊어지지 않는 어둠이다. 바람에 섞여 진동하는 낡은 모터 소리 때문에 도통 잠을 이루지 못하고 악몽을 꾼 것처럼 정신이 하나도 없다. 차라리 밖으로 나선다.

이런 시간에도 하루를 당겨쓰는 사람들이 저기 있다. 의지로 선택하지 않은 삶일지 모르나 그것을 지탱하고자 꾸역꾸역 밝히는 늦은 밤과 이른 아침의 틈새로 그들이 몰아 나가는 남루한 통통배 꽁무니에 억지로 끌려가는 새벽. 파도는 생각보다 높다. 보기에도 위태롭다. 그것에 시선을 거는 내 밤의 끝. 이나마 나는 의지대로 이 어촌에 흘러 들어왔으나 잔인한 운명을 느끼기는 마찬가지다. 어부들의 시작을 흡사 나의 일인 듯 지켜보다가 문득 정신을 차리니 검은 바다 위로 하늘이 겨우 열린다. 같은 하늘 아래 태어났으나 저들과 나 사이에 범람하는 파도는 너무나 높다. 펼쳐진 바다와 하늘은 너무나 넓다. 이 넘을 수 없는 인연을 마주 보게 하면서도 새벽은 아랑곳 않는다. 우리는 어쩔 수 없이 무심한 관계다. 그러나 불면으로 충혈된 내 두 눈은 그들의 억척스러운 강인함과 아침을 닮은 찬란함에서 눈을 떼지 못한다. 막 잡아 올린 생선의 몸짓 같은 생을 본다.

더는 깊을 수 없는 밤. 너는 지구 반대편에서 이미 나보다 반나절을 미리 살고 있을 것이다. 그렇게 나란할 수 없는 운명도 있는 것이다. 이 어둠을 뚫고 너에게 달려간다 해도 결코 달라지지 않을 입장. 나에겐 밤이며 너에겐 낮인 시간처럼 서로의 사정은 어긋날 수밖에 없었을 것이다. 나란히 앉으면 평등할 거란 생각도 했었으나 네가 열어놓은 새벽과 내가 닫아둔 밤의 벽은 높고 단단했다. 마치 이 반대편의 이런 시간처럼.

새벽은 열리는 것이 아니라 여는 것이듯 사람의 마음도 저절로 열리는 게 아니라는 것을 비로소 깨닫는다.

달

밤의 크기.
한 번도 변한 적 없는데
늘 변한다고 믿는 존재.

둥글어진 저 달만큼 둥근 마음을 품어 환해져보려 했으나
내일이면 곧 다시 작아지고 휘어질 내 마음을 안다.
소원하지 않기를 소원하고 바라지 않기를 바라며
그렇게 영원하긴 힘든 일인가.
충만해지라고 함부로 말하지 마라.
그 무엇에게도 무엇이 되라고 말하지 마라.
아무도 아무에게 아무런 말을 하지 마라.
보름달 같이 탐스러운 당신의 마음도
곧 기울어질 것을 믿어 의심치 않는다.

From _ Peru, Titicaca

저 아래 호수에 비친 것이 달이지만 호수 자체가 큰달처럼 보이는 밤. 티티카카로 들어온 지 꽤 여러 날이 흘렀는데 발목 잡힌 사람처럼 꼼짝을 않고 있다. 어디든 언제든 갈 수 있는 것이 분명 나의 의지인데 그 의지를 묶어놓는 것이 호수인 듯했다. 호수를 가만히 바라보니 모든 것이 호수에 빠지고 만 것처럼 저 커다란 물웅덩이가 작은 세계로 보인다. 이 호수 곁을 오래오래 지키면 내가 만나려고 하던 무엇인가를 건져낼 수 있을 것만 같은 생각이 들어 며칠째 떠나지 못하고 있다.

세상 가장 높은 호수, 티티카카. 사람들은 밝고 리드미컬한 음성으로 "티.티.카.카."

호수의 이름을 부른다. 그렇게 야무지고 발랄한 어감부터 끌렸다. 왠지 세상 가장 높은 이 호수엔 세상 가장 밝은 빛을 내는 별이 담기고 세상 가장 커다란 달이 잠겨 있을 것 같았다. 그러나 겨울이 되어가는 호수엔 늘 바람이 불고 바람이 없는 날엔 구름이 그 자리를 메워 호숫가엔 얼씬도 하지 못한다. 대신 내겐 냉한 바람 같고 먹먹한 구름 같은 고산증이 찾아왔다. 어두컴컴한 숙소에 누워 제대로 보지 못한 호수를 상상하고 불평한다. 내가 상상하던 풍경을 찾아와서 다시 상상 속에 빠지는 아이러니. 인생이나 삶, 그런 모든 게 늘 이런 여행 같은 것일지도 모른다. 항상 기대가 지나쳤기 때문에. 상대방은 아무런 언질도 내색도 않은 일에 나의 마음만 저 혼자 부풀고 커져버린 것처럼. 호수는 제 생김 그대로였으나 나의 기대가 호수보다 넓고 깊었던 것이다. 어쩌면 이곳에 내가 상상한 호수는

없을지도 모른다. 아니다! 저 눈앞의 호수가 나의 상상 속의 호수가 맞을 것이나 그것을 바라보는 내 눈이 거짓말을 하는 것이다. 저 호수 안에서 일그러진 달도 내일이면 다시 달라지지만 변하는 것은 호수도 아니고 달도 아니라는 것을 모르지 않는다.

내 마음 안 풍경이라고 다를까.
많은 곳을 다니며 많은 것을 보고 겪었음에도 여전히 내 마음에 찬 것이 호수인지 달인지 구분이 가지 않는다. 내가 나를 믿지 못하니 그 무엇도 내게 감동일 수 없던 때가 많았다. 마음으로 그리던 곳으로 달려가면 내 마음에서 비켜간 일들이 생기거나 당장 상상이 맞아 떨어지지 않을 땐 어디든 불편하거나 불안할 뿐이었다. 늘 기대가 컸다. 무슨 일이든지 결과에만 집착하는 일로 평생을 살았던 이유다. 변하지 않을 거라고 믿던 모든 것이 변하는 것은 어쩌면 그 대상이 아니라 나의 마음이라는 것을 알면서도 말이다.

함부로 바라지 않는 마음. 어딜 가도 내 마음이 변하지 않으면 절대로 변할 수 없는 세상. 휘영청 밝은 달을 보며 세상만사가 내 뜻과 다르게 변한다고 야속해하진 말아야 한다. 사실 내 마음을 제외하면 세상은 한 번도 달라진 적 없는 것을.

눈물

,

말 없는 말.
마지막 문장 혹은 부호 생략.

생략과 축축한 침묵.
그 안에 나머지를 남기는 사람이 있고
여전히 제 모든 걸 담아두는 사람이 있다.
타인에 의해 눈물 흘리는가? 타인을 위해 눈물 흘리는가?
자신에 의해 눈물 흘리는가? 자신을 위해 눈물 흘리는가?
눈물은 너의 마지막 언어.
말로는 위로할 수 없는 모스부호.
너를 위해 밖으로 울고 나를 위해 안으로 운다.

Words learned on the road

2장

내 안의
말들

    너의 모든 것이 내가 이미 알고 있던 것. 그리고 내가 거듭 상상한 것들과 별반 다르지 않았으나, 나는 이상하게 너에게 아무런 기대도 가질 수 없었고 오히려 너로 인해 잦은 소외감을 느꼈다. 그래서 다시 쓴다. 너의 말들은 흔적도 없이 사라졌지만 너에 대한 기억들은 내 마음을 떠나지 않았기에 이렇게라도 우리의 소중했던 나눔의 시간만큼은, 그때의 마음만큼은 되돌리고 싶어졌다. 네가 내게 준 말들을 꼬박꼬박 받아 삼키지 못하고 그 말들 사이의 진심을 헤아리지 못했기에 이렇게라도 돌아보지 않는다면 이 길 위로 나섰던 모든 시간을 후회할지도 모르겠다.
    세상의 모든 길은 끝없이 뻗어 있고 그 길들 위를 한없이 걷고 싶어 하는 나는 길 위에서 살아가는 사람이다. 길이 내 집이고 길이 나의 내일이며 길이 사람일 때가 있다. 비틀거려도 걸음을 멈추지 않았고 위태롭게나마 닿을 곳이 있었고 불안하지만 사랑할 수밖에 없는 너와 만났다. 그 길들에 대해. 길에서 만난 너에 대해. 무엇보다 그때마다 소란했던 내 안의 말들에 대해 지금은 그저 쓰고 싶어졌을 뿐이다.

꿈

,

마음속 형상의 구체화.
곁에서 가장 반짝이는 단어.
노력 곱하기 센티리언.

희망이 아닌 현실,
미래가 아닌 현재.

순간에 정성을 다해야 이루어진다.
현재를 사는 우리,
우리의 지금은 과거가 보낸 미래 아닌가.

사랑하고 있는 자 무죄. 그러나 자신을 사랑하지 않는 자 유죄.
현실과 타협하는 자 무죄. 그러나 꿈이 없는 자 유죄.

타지 않은 난로에 몸을 녹일 재간이 있는 사람은 아무도 없다.
하물며 아무 노력 없이 무엇을 얻겠는가.
꿈을 가질 수 있겠는가.
꿈은 꾸는 게 아니라 실천이어야 한다.

From _ India, Varanasi

꽃을 파는 소녀에게 물었다.

"네 꿈은 뭐니."

소녀가 가리키는 검지손가락 끝에 조악하고 남루한 가게 하나가 햇살이라는 조명을 받고 있다. 갠지스에서 소원을 빌 때 강물 위에 띄우는 디아를 팔거나 사제들이 쓰는 간단한 의식용 도구가 그 가게의 물건 전부다. 그 안에 있는 노인도 한때는 이 소녀처럼 꽃을 팔았을까? 어린 소녀의 몸짓은 단호하고 결심이 분명하다. 말이 필요 없다는 듯 꾹 닫힌 입, 힘이 모인 손가락 끝. 꽃을 파는 소녀의 꿈은 무척 가까운 곳에 있었다.

그 소박한 희망은 소녀의 손끝에 달랑달랑 매달려 가리키면 언제든 눈앞에 보이는 것이었다. 작아도 매일매일 만날 수 있는 꿈이라면 그것은 또 얼마나 희망적인가. 소녀가 그 꿈을 이룬다면 소녀의 또 다른 꿈도 소녀의 가장 가까운 곳에서부터 반짝일 것이 분명하다. 저 협소하나 누군가에겐 꿈인 공간처럼 그날의 가장 뜨거운 빛을 받으며 소담스럽고 아름답게 자리할 것이다.

높기만 하고 멀기만 하고 크기만 하고 어렵기만 한 꿈이라면 그것을 함부로 희망할 수 있는 일이겠나. 그저 꿈은 꿈, 꿈 같은 꿈일 뿐이라면 누군들 희망을 품겠는가. 누구에게 감히 희망을 줄 수 있겠는가 말이다.

돌아보니 나는 꿈이 없던 시절이 길었다. 내 안에 나를 사랑하지 못하고 어느 때는 나조차 내가 원하는 진짜를 알지 못하기도 했다. 어쩌다 꾸

는 내 꿈이라는 것이 어느 땐 너무 허황되거나 항상 멀리 있거나 절대 구체적이지 않았다. 소녀의 꿈을 보니 알겠다. 가까이에서 희망이 보이지 않는 꿈은 꿈이 아니다. 희망이 있어야 꿈이 가능하다. 소녀의 손가락 끝이 가리키는 저곳처럼 분명하고 단호했어야만 했다. 꿈은 내 옆, 내 가까운 곳에 있어야만 했다. 지금 이곳에 있을 꿈을 지나치면 안 되는 일이었다. 먼 곳의 꿈만 좇다가 어느 날 그 먼 곳에 닿았을 때 그곳의 꿈이 이곳임을 알게 된다면 그땐 어쩌려는가. 이곳에서 놓친 꿈은 어느 곳에 있을까.

그대, 꿈이 있는가.
꿈을 가져라. 잡을 수 있는 희망을 가리켜라. 그리하여 그곳을 향해 달리고 일순간도 멈추지 마라. 닿아라, 가장 가까운 미래에. 내일이 기다리는 자신과 당당히 만나라. 자신을 더 사랑해라. 자신을 가장 사랑할 수 있는 사람은 자신뿐이다. 꿈꾸지 않는 일은 자신을 버리는 일이다. 꿈 없이 하루를 연명하는 일은 수많은 내일을 잃는 일이다. 누군가 내게 바라는 꿈으로 내 꿈을 대신하지도 마라. 타인의 시선을 의식해 부풀리는 꿈은 꿈이 아니다. 허영이다.

그대여. 내가 아닌 그대여.
그대는 그대가 가장 원하는 그대만의 꿈을 가져라. 희망을 품어라.
백 원짜리 꽃을 파는 어린 소녀도 자신의 꿈이 있다. 가장 가까운 곳에 희망을 걸어두고 매일 그것을 확인하며 날마다 확신할 것이다. 나의 꿈은 곧 나의 미래란 것을. 그대도 그래야 한다. 자꾸만 마음이 끌리는 방향, 자신도 모르게 시선이 날아가는 쪽, 바로 그곳에 그대의 꿈이 걸려 있을지 모른다.

생일

나로 인해 세상이 태어난 날.
나를 잉태한 세상.

나만의 것은 아니다.
삶의 빚을 늘리며 영원을 사채로 써도
당신이 가장 위해야 할 대상은 당신이라는 존재다.
세상의 천지창조는 무한 반복된다.
한 사람이 태어날 때마다 하나의 우주가 새롭게 태어나는 것이다.
세상은 나를 원한다.
내가 태어난 일은 나의 일이 아니라 세상의 일일 것이다.
당신은 스스로를 귀하게 여겨 스스로가 빛을 낼 줄 아는 사람인가?
아니면 세상에 빚만 늘리다가 세상과 등지는 사람인가?
존재엔 이유가 있다. 생명은 이유 없이 세상에 나오지 않는다.
단 하루만이라도 자신을 위해 촛불을 밝혀라.
자신이 받은 축복을 의심치 말라.
자신을 사랑하는 사람이 남도 사랑할 줄 안다.
자신의 세상을 환하게 하는 의무를 소홀히 하지 말라.
그 세상이 있어야 타인의 세계도 보인다.

From _ Thailand

다시 길 위에서 맞는 생일이다. 자주 길 위에서 생일을 맞지만 늘 새롭다. 어떤 길 위에 서 있더라도 날짜는 한 날이지만 뜨거운 여름의 끝이 남아 있던 곳에서 생일을 맞은 적도 있고 한겨울이 시작되는 지구 반대편의 을씨년스러운 생일도 있었다. 아무래도 좋은 날들이었다. 어디에 있더라도 그곳에 무사히 있었으니 말이다. 그러니 그것만으로도 모든 것이 축복이고 모든 인사를 축하로 여겨야 했다.

내게 입을 삐죽 내밀며 장난스럽게 지나던 꼬맹이 녀석도 돈을 더 달라고 떼를 쓰는 늙은 짐꾼의 아우성도 모두가 인사처럼 여겨지는 오늘, 축복의 내 생일이다. 길 위에서 또 맞이하는 생일. 나를 아는 사람은 여기 아무도 없지만 내가 나를 위해 그들에게 안녕, 모두가 오래된 친구처럼 안녕. 조금 더 젊어진 마음으로 안녕.

"안녕! 오늘이 제 생일입니다! 고마워요! 모두, 고마워요! 모든 것이 고맙고 고맙습니다!"

오늘 나는 길 위에서 또 태어났다. 다시 태어났다. 스스로 지금까지 걸어 온 길을 축하하고 앞으로도 남아 있을 길을 선물하며 지금처럼 오래오래 걸을 수 있기를 희망한다. 그리하여 조금 더 많은 사람과 오래도록 길 위에서 행복한 인사를 하기를. 그들로 인해 내가 어디서라도 존재한다는 것을 증명할 수 있기를.

"그대도, 안녕! 길 위에서 만나게 될 당신의 생일을 미리 축하합니다."

존재
;
내가 있어 가능한 당신, 당신이 있어 가능한 인생.

내가 당신을 더 사랑한다고
나의 위에 있다고 자만하지 마라.
당신을 사랑하는 내가 없으면 당신은 아무것도 아니므로.
사랑은 언제나 더 큰 마음을 가진 쪽이 불리할 것이나
누구도 그것으로 순위를 정하진 못한다.
세상의 모든 존재는 누가 '더'가 아니라 '다'일 때
당연히 존귀해지며 마땅히 갸륵해진다.

From _ Philippines

갑자기 궁금해지는 게 있다. 나의 존재. 내가 사는 이유가 대체 뭔지, 내가 살아가야 할 이유는 대관절 무엇인지. 이 사념은 또 무엇을 위한 골똘함인지. 이런 생각이 엄습하면 여행을 떠나는 게 나다. 오로지 나를 생각하기에는 사력을 다해 나만 생각할 수 있는 곳으로 가는 게 최선이다. 나는 단시(短視)이므로 나를 아무도 알지 못하는 곳에 가서 나 자신에게만 몇날 며칠 몰두해야 겨우 나를 깨닫는다. 그때마다 항상 내가 나 자체로만 홀로 살 수 없음을 절실히 느끼고 종국엔 외로움과 그리움에 사무치다 앓기도 숱해 앓는다.

어느 낯선 곳에서 가장 먼저 떠오르는 사람. 어쩌면 그 사람을 위해서 '나'는 존재해야 한다. 누군가를 위해서 존재할 수 있다는 사실도 참 좋은 일 아닌가. "당신을 위해서라면 나는 다 괜찮아. 정말 아무렇지도 않아." 라는 말, 그 속에 꼭 내가 존재해야지만 당신도 가능하다는 뜻이 진하게 배어 있음을 가슴에 담는다.

예감

;
육감보다 정확한 말초신경.

다시,

울컥하는 마음.

아무래도 오래 견디지 못할 것 같은 느낌.

오래전 그 바람이 지구를 몇 바퀴 돌아 다시 내게 왔다.

그날의 냄새가 났다.

그날도 그랬다.

생각보다 마음이 서두르기에 거부하지 못했던 날들.

많이 달라졌을 것이다.

그때의 풍경들은

절대로 달라지지 않을 것이다.

지금 이 마음들은

다시

떠날 거란 예감을 들게 했다.

From _ France

당신이 나를 만나고 싶다고 했습니다. 맥박이 빨라지고 호흡이 가빠지기 시작했죠. 그냥 이유도 없고 설명할 수 없는 어떠한 현상이 제게 일어난 겁니다. 단지 당신의 이름 석 자만 들었을 뿐인데 그것이 훅, 하고 심장으로 빨려들지는 예상할 수 없는 일이었습니다. 그런 일은 그렇게 오는 거라고들 하더군요. 그래서 한 번도 본 적 없는 당신을 만나러 가는 동안 이런 말들을 준비했지요.

"당신을 만나면 보이지 않는 많은 것이 풍부해졌으면 좋겠습니다. 그것으로 인해 당신도 내 맘과 같거나 내 기대보다 당신 마음이 더 많이 확장되었으면 합니다. 그것이 곧 나만의 감정이 아니었으면 좋겠습니다. 우리가 서로에게 그렇게 되길 바라는 마음이 큽니다. 드러나지 않아도 숨길 수 없는 눈빛처럼, 보이지 않으나 전부를 줄 수 있는 마음과도 같이 그렇게 아무것도 아니면서 전부이기를 바라는 것 또한 나의 마음이었으며 그것이 당신이 나를 먼저 불러준 것에 대한 예의라 생각했습니다."

그렇게 시작된 것 같습니다. 예, 그랬죠. 당신을 만나기도 전에. 그리고 저는 이유 없이 예감을 믿었지요. 그것은 당신이 보낸 것이기도 했죠. 바로 당신이라는 사람이.

지금
;
이야기의 시작.
단 한 번뿐인 현재.

현재의 당신과 현재의 나를 사랑합니다.
그리하여 매일매일의 오늘이 가장 빛나기를 희망합니다.

From _ China, Karakul Lake

별 없는 밤, 소리 없이 여름 호수에 눈이 내린다. 검은 호수라는 이름을 가진 호수에 새하얀 눈이 내린다. 깊이를 알 수 없는 검은 하늘에 낮게 장막을 드리우며 눈이 세차게 뿌려진다. 환상이 아니었다. 차가운 바람이 낡은 천막을 흔들고 새하얀 눈이 별처럼 내 앞으로 쏟아졌다. 7월의 눈이다. 낮은 여름이었으나 밤은 난데없는 겨울이다. 분명 눈이 내리고 있는 이곳은 겨울이다. 잠시 겨울이다. 이 어둠에 계절이 서로 뒤엉켜 흐르는 동안 나는 나를 정하거나 내 앞에 나타난 현상을 어느 정도 부정하는 일에 몰두해본다. 어차피 눈앞의 풍경은 내가 알던 사실과 다르고 나의 기대보다 더 팽창된 현실이다.

한여름 속의 겨울. 어차피 세상은 시간과 날짜가 정하는 것이 아니다. 계절 또한 시간과 날짜는 소용없다. 세상이 정해둔 시간과 날짜와 계절을 따르는 것이 아니라 우리가 정한 우리의 시간을 따라야 하는 것이다. 모든 것은 지금이다. 지금 느껴지는 것을 온전히 받아야 한다. 적시를 놓치지 말아야 한다. 지금의 자신이 그대로 이어져 미래의 내가 될 것이며 지금의 마음이 그대로 남아 미래의 변함없는 마음이 되어야 한다. 삶이란 내가 정한 시간표 안에서 그렇게 변함없는 마음으로 이어져야 한다. 지금 내 눈 앞에 나타난 것들 말고, 지금 내게 온 것을 피하지 말아야 할 것이다. 모든 세상의 지금은 단 한 번밖에 없으므로. 단 한 번이라고 함은 처음부터 다시가 아닌, 결코 되돌릴 수 없는 지금의 역사이므로. 모든 역사는 지금 이 순간 시작되는 것이므로.

현실과 비현실

;

마주 보면 현실, 돌아서면 비현실.
생이라는 면적의 마찰.

산다는 건 현실이겠으나 현실이 더 낯설 때가 있다.
어느 때는 현실을 현실로 살 수 없으므로,
현실을 홀대하며 비현실에 부대낀다.
그러나 현실을 아무리 부정해도 비현실로 전환되진 않는다.
현실의 반대말은 비현실이 아니라
또 다른 현실일 뿐이니까.

From _ Bolivia, Salar de Uyuni

소금사막으로 들어왔다. 현실 아닌 현실 같다. 내가 알던 하늘과 땅의 모습이 아니다. 하얀 소금에 반사된 현란한 빛과 빛보다 찬란한 하늘만 존재하는 이 풍경이 꿈같다. 흔들리는 지프 안에서 바싹 어깨를 비비며 풍경에 몰두하던 사토시가 나에게 물었다.

"이건 현실이 아니야! 그렇지?"

내가 묻고 싶었던 것도 그것이었다.

우리가 작은 지프 안에서 바라보는 이 광활한 소금사막이 현실이 아니라도 좋다. 그래야 더 좋을 것이다. 이미 우리는 현실 속에서 현실을 부정할 일투성이다. 어차피 누구도 다시 올 거라고 장담할 수 있는 사람은 아무도 없었으므로 꿈이면 어떠랴. 만약 지금 한 번, 이 한순간이 전부라면 그냥 꿈으로 남겨둬도 상관없다. 아무래도 좋다. 다만 살면서 정말 현실에서 벗어나고 싶은 순간이 오면 이 사막을 기억하리라. 단단히 땅에 박힌 이 소금별의 편린을 떠올리리라. 그렇게 꿈인 듯한 비현실을 불러다가 이 반짝이는 순간들로 나머지 흐린 날들을 위로받을 것이다.

맹세

;

나의 마음과 나의 또 다른 마음이 밀착된 지점.

불안한 마음의 흔적.
우리 어떤 것도 맹세하지 말자.
다만,
그것을 침묵 같이 살아내자.

From _ Jordan, Petra

어느 영국 시인은 그곳을 영원의 절반이라고 했다. 그리고 장밋빛의 붉은 도시라고도 말했다. 고요한 사막의 거대한 바위 사이로 비밀스럽게 저장된 도시. 하늘이 가려질 만큼 깊고 실바람처럼 가느다랗게 이어졌다. 그 협곡을 지나면 거대하게 펼쳐지던 과거의 도시. 분명 건축물이긴 하지만 조각품이다. 없던 공간을 채워서 만든 게 아니라 있던 공간을 깎아서 만든 조각품. 바라보는 것만으로도 겸허해지는 그곳에 부적처럼 박힌 맹세들이 부끄럽게 견디고 있다. 그 바위에 새겨진 사랑의 문자나 이름이 유난히 도드라져 보인다. 자신을 믿지 못하거나 마음의 깊이가 낮은 사람일수록 깊은 흔적을 남긴다. 그것이 맹세일까? 변하지 않을 풍경 속에 변화의 가능성이 농후한 단어들이 어지럽게 박혀 있다. 주체할 수 없이 아무렇게 자라난 젊은 힘처럼 보인다. 그렇게라도 하고 말겠다는 의지만 박혀 있다. 그 맹세들은, 그 이름들은 아직도 살아 있을까? 여전히 유효할까? 한때 젊은 날의 나의 언어들이 그대로 박혀 있는 것 같아 얼굴이 화끈거려 잠시 먼 곳을 본다.

무슨 마음이었을까? 그때 나의 그 맹세는. 너만을 사랑하겠다던 그 말, 영원히 함께하자던 그 말. 어디론가 사라진 그 맹세는 이미 네겐 낡아버린 언어일 테고 의미 없이 내게만 남은 미련이다. 너에게 던져준 말인데 내게만 남았다. 생각해보니 처음부터 너에게 남길 말이 아니라 스스로 위로하기 위해 내가 나에게 한 말이었다. 참으로 보잘것없고 초라한 시간이었으니 그것이 더욱 진심이라고도 생각했을 것이다. 그렇게 시작되는 것

이다. 더 많이 사랑할수록 집착은 깊어진다. 맹세라는 무모한 약속도 자꾸만 늘린다. 그 모든 것이 불안한 마음의 흔적이다. 보여줄 수 없으니 말로 하는 것이리라. 하지만 맹세는 말로 하는 것이 아니라 시간의 흔적을 입히는 것이다. 말로써 덮어주는 것이 아니라 마음이 마음에게 밀착되게 하는 것이다. 말로만 이루어질 일이 세상에 몇이나 되던가? 말로 덧입혀 견디려 하지 말고 그 마음에서 조금 물러나 당신이 지켜주려는 것을 묵묵히 이루어낼 일이다. 맹세는 말의 도차로는 닿을 수 없는 마음의 도착점이다. 차라리 그때 아무 말도 하지 않았으면 지금 아무것도 남지 않았을 것을. 내가 던진 말이 그대로 내 안에 쌓여 돌덩이처럼 단단하다. 나의 것이 그렇고 여기 누군가의 것들이 그렇다. 바위에 새겨졌으나 허공으로 사라진 말들은 결국 불안한 흔적으로 세상 어딘가만 허무하게 떠돌고 말 것이다.

기억

,

현재의 나는 과거의 모든 것.
상실의 장애.

삶이란

기억의 놀이와 수집으로 연명된다.

기억이란 자신의 입장에 유리하게 편집된다.

때론 의식의 조작이다.

비극은 비밀이 되고 희극만 포장된다.

내가 가진 버릴 수 없는 두 가지 중 하나.

아니 결국 하나.

사람에 대한 기억, 그 기억에 대한 마음.

From _ Pakistan, Hunza

훈자로 온 지 일주일이 채 못 되었을 때다.

"저를 기억하나요?"

짙고 큰 눈동자에 친근함을 가득 담은 한 소년이 내게 말을 걸었다. 글쎄, 라고 대답하려던 순간 푸른 빛 가득했던 예전 어느 눈동자가 떠올랐다. 오래 전 그 아이의 것이었다.

"혹시, 칸?"

소년의 크고 환한 미소를 보자 5년 전 훈자에서 만난 사내아이에 대한 기억이 되살아나기 시작했다. 5년이란 세월이 지나는 동안 아이는 소년이 되었고 내게 말을 걸지 않았더라면 길에서는 못 알아봤을 정도로 풋청년의 느낌이 많았으나 반짝이는 눈동자, 그 푸르고 맑은 눈동자와 환하고 밝은 미소만은 변함없이 그때 그대로였다.

일터에 나간 부모님을 대신해 동생들을 돌보던 코흘리개. 길에서 만난 나를 자기 집으로 데려갔던 아이. 매일 나를 찾아오고 나의 어깨에 목말 타고 나에게 구구단을 배웠던 까까머리 꼬마. 고작해야 내 허리춤을 못 넘던 키와 자그마한 덩치로 강아지처럼 동네를 뛰어놀던 아이가 코밑 거뭇한 사춘기 소년이 되어 내 앞에 나타난 것이다. 고마웠다. 눈시울이 뜨끈해졌고 그래서 잠시 눈물이 났던 것도 같다. 그때 우리는 인사도 나누지 못하고 헤어졌다가 순전히 그때 함께했던 기억으로 다시 만났다. 이 지구상 어디엔가 나를 기억하고 있는 누군가가 있다니. 그때와 다름없는

마음으로 말을 거는 소년. 훈자의 가장 높은 봉우리보다 더 높이, 매일 먹던 새콤달콤한 살구보다 달디 달게, 내가 만난 그 누구보다 따뜻하게 내 기억 안에 살던 그 아이 칸.

반가운 마음에 훈자에 머무는 동안 나는 칸을 자주 만났다. 함께한 추억이 늘었다. 따뜻한 마음이 식지 않았다. 이번엔 헤어질 때 마지막 인사도 나눌 수 있었다.
"칸. 다음에도 내가 훈자를 찾아오면 나를 기억해줄래? 그때도 지금처럼 말을 걸어주겠니?"
언제가 될지 모르지만 다시 훈자를 찾게 되면 그때도 나는 칸의 얼굴을 바로 못 알아볼지 모른다. 그래도 상관없다. 그때도 칸이 나를 알아볼 것이다. 다시 말을 걸어줄 것 같다. 그때보다 더 나이 들어버린 나지만, 다시 젊어지지 않을 나겠지만 그때의 나를 기억하고 지금의 나를 알아봤으니 지금의 나를 기억해서 나중의 나를 알아봐줄 것이다. 그때도 우리는 함께했던 시간을 떠올리며 무엇이든 행복하게 나눌 것이 더 있을 것이다.

구속
;

욕심이 밟아대는 최대 속도.
집착의 오른손.
환풍구가 없는 이각(離角).

붙잡아둔다고 묶여 있을 것은
놓아줘도 달아나지 않는다.
구속할 수 있는 것은 그리 많지 않다.
구속할수록 속박당하는 것은
그대의 마음뿐.

From _ Laos, Luang Prabang

메콩 강의 휘어진 강줄기가 그녀의 흰 목선을 닮았다.
강물 위를 달려온 따뜻한 바람은 그녀의 부드러운 음성을 담았다.
그녀가 앉은 밝은 빛을 띤 바위는 하나의 다른 세상이었다.
말 없이 비켜 앉은 그곳이 나를 위해 내준 자리임을 느꼈다.

곁에 앉은 내 마음이 자꾸만 한쪽으로 치우쳤다.
이어폰의 양쪽을 나눠 끼고 같은 노래들을 들었다.
음악 소리보다 내 심장의 박동 소리가 더 컸다.
헛기침만 나왔다.
들키지 않으려는 마음과 고백하고 싶은 마음이 엉켰다.

바위를 타고 올라오는 강물에 발끝이 젖었다.
젖은 것은 온몸이었다. 마음이었다. 심장이었다.
모든 것이 공평하게 흘러가는 시간을 닮았다.
강물은 그대로 흘러 다시 돌아오지 않을 것이고
시간도 그것처럼 흘러 지금을 버릴 것임을 알고 있다.
여행자의 순간은 단 한 번뿐이라는 것도 우리는 잘 알고 있었다.

그녀는 아무 말도 하지 않았다.
그녀의 장점이라고 생각했다.

우리 중 누구도 누구를 붙잡을 수 없으니 침묵은 약이었다.

돌아서는 일을 아쉬워해서는 안 될 것이므로.

잡아둔다고 머물 것은 많지 않으므로.

이 시간 이후는 이대로 영원할 것이므로.

헤어지는 일에 사랑을 거두지 말아야 하므로.

햇살이 강으로 거스르는 오후,

다시 만날 수 있느냐는 물음이나 잘 가라는 인사마저도 그 강가에 던졌다.

마음의 속도계가 고장을 일으킨 4시 44분이었다.

배려

타인이라는 거울 앞에 서보는 일.
입장이라는 손바닥을 뒤집어보는 일.

모든 사람이 자신을 사랑할 거라 믿는 사람은
타인에게 배려가 부족한 사람이고
모두가 자신을 싫어할 거라 믿는 사람은
자신에게 배려가 부족한 사람이다.

배려란 내 마음을 내놓기 전에
타인의 마음부터 잘 받아들이는 것이다.

From _ Chile

오후 2시다. 또 그 세탁소 입구 한쪽으로 한 무더기의 빵이 쌓일 시간이다. 며칠 동안 나는 같은 풍경을 보았다. 얼마 전 이곳으로 와서 숙소 주변을 크게 벗어난 적이 없는데다가 그 따뜻한 장면을 목격한 첫날부터 이 골목은 유난히 다정한 느낌이 들어 달리 어딜 돌아다니고 싶은 기분도 들지 않았다.

오후 2시.
하루를 바쁘게 시작했다손 치더라도 점심을 먹고 난 직후의 이 시간은 차 한 잔 앞에 놓을 수 있을 만큼, 아니면 나른한 오수에 빠져 깜박 다른 꿈도 꿀 정도쯤은 여유롭다. 나도 그 시간이면 세탁소 맞은편 작은 카페의 테라스 귀퉁이 자리를 차지하고 앉아 점심을 느긋하게 해결하거나 차 한 잔을 마신다.

그 세탁소 앞엔 매일 하루도 빠지지 않고 빵이 쌓인다. 빵 배달부는 불쑥 그 세탁소 앞에 나타나 마하의 속도로 빵을 내려놓고 그보다 더 빠른 몸놀림으로 그 자리에서 사라졌다. 나는 온 이래로 늘 카페 지정석에 앉아 그 광경을 보았다. 카페 주인에게 듣기로도 꽤 오래 반복된 일이란다.
오후 2시. 빵은 암묵 속에 약속된 자리로 배달되고 가난하고 배고픈 사람들의 점심 식사가 시작된다. 2시의 빵을 제 먹을 만큼만 챙겨 들고 골목 여기저기로 사라지는 사람들. 나눠주는 사람과 받는 사람이 마주치지 않는다. 자신의 것을 덜어 남에게 내주는 사람의 따뜻함이다. 챙기는 손이 혹여 부끄러울까 봐서 받아든 마음에 혹여 비참함이 들어설까 염려함이다. 고맙다는 말 한마디를 얻으려 하지 않는 그 사람의 세심함이다. 주는 사람의 배려다. 상대방의 입장에서 그 마음을 헤아리는 일이 그렇게 이루어지고 있었다. 정확히 오후 2시였다. 세상의 빛이 가장 환한 시간이었고 그 골목 사람들의 마음이 가장 밝고 따뜻해지는 약속된 순간이었다. 그것을 바라보는 나의 마음도 덩달아 밝고 따뜻해졌으니 나도 그 훈훈한 정경에 상관된 기분이었다.

배려는 오후 2시다. 점심을 먹고 난 포만감으로 배부르고 세탁소 앞의 빵들이 남김없이 사라지는 것을 바라보는 마음은 더 부르다. 게다가 정오를 지난 뜨거운 태양 볕이 그대로 몸을 덮고 있다. 이 따뜻함을 더 많이 내 안에 들였다가 나도 누군가에겐 여유가 되고 사랑이 되고 싶다. 좋은 마음이 나에게만 좋은 일로 끝나버리는 이기적인 배려 말고 알아주지 않아도 사랑할 수 있는 진짜 배려를 배우고 싶다. 그래서 당신을 만나면 당신의 입장이 되는 일을 불편 없이 해내고 싶다. 그래서 당신의 사정을 불평하지 않는 내가 되고 싶다. 흔쾌히 당신의 마음을 받아주는 그런 내가 되고 싶다.

아, 이 세탁소 앞만큼 따뜻한 골목이 세상에 더 있을까? 한동안 이 동네는 떠나기 참 어렵겠다. 다음 도시를 계획해서 싸둔 배낭을 도로 푼다. 여기 더 머물러야겠다는 생각만이 머리를 가득 채우고 있을 뿐이다.

침묵

가슴에 눌러둔 커다란 소리.
말보다 더욱 큰 말.
입을 닫고 마음을 여는 일.
마음을 닫고 여는 입은 아무리 큰 소리라도 공허하다.

나의 말만 믿고

나를 따르라 말하지 마라.

말 없이 그것을 가능하게 하라.

침묵하는 자를 용기 없는 자라 비난하지 마라.

그 시간 동안 마음으로 얼마나 당신을 용서하려 애썼겠는가?

말은 소리가 아니라 마음이어야 한다.

그러니 침묵은 큰 마음의 소리.

어쩌면 가장 간절한 울림.

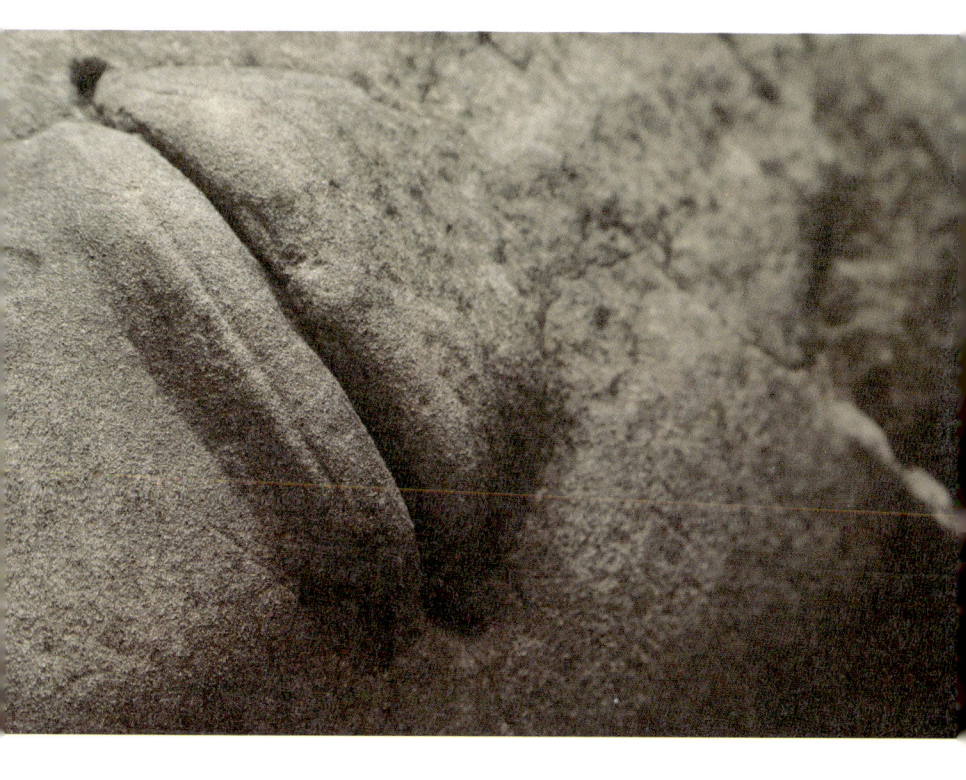

> From _ United States of America, Grand Canyon West

그 언덕에서 할 말이 없었다. 나의 언어가 아무리 무성하다 하더라도 그곳에서는 아무런 가치가 없었다. 모두가 죽은 채로 서 있거나 잠든 채로 다가오고 있었다. 아무 말이 없이도 커다랗게 다가오고 있었다. 20만 년의 세월 동안 변함없이 바람의 이야기를 듣거나 태양의 절규를 흡수하며 아무렇지 않게 서 있었다. 그런 이유로 누군가는 그곳에서 희망을 외치거나 절망의 끝을 보며 침묵했을 것이다. 그렇게 수많은 사연이 아찔한 높이로 아득히 쌓여 있었다. 어쩌면 이 언덕에서 이미 되돌릴 수 없는 당신과 나의 이야기도 20만 년 후쯤에는 다시 시작해볼 수 있지 않을까 하고 생각했던 오후. 우습다. 세월이야 내버려둬도 흘러가겠지만 바위처럼 딱딱해진 마음은 되돌릴 수 없는 이유로, 당신과 나는 20만 년이 아니라 200만 년이 더 흘러간다 해도 별반 달라질 것이 없을 것이다. 말로 설명하는 일이 얼핏 변명이 될까 비켜갔던 마음이 기웃댔다.

차라리 바위처럼 침묵하자. 남은 것이 있다면 더 버릴 것이 있다면 이 벼랑 아래로 전부 팽개치고 슬며시 돌아서고 나면 다시는 기억나지 않을 높이. 내가 발설하지 않아도 당신이 듣지 않아도 과거로 흩어져 나부낄 일들. 침묵만이 증언할 수 있다. 때로는 묻어두고 쌓아두는 것이 더 많은 것을 누르고 숙성시켜 진실을 이루게 할 것이다.

발설하지 못할 것들에 대해서 20만 년쯤 침묵하고 200만 년쯤 견디며 묵묵히 살아내자. 아무렇지 않게 지금처럼 그냥 걷자.

변명

,

결국은 혼잣말.
관통할 수 없다고 돌아가진 않으리.

자주 입던 옷을 입고 자주 듣던 노래를 듣고 자주 가던 길을 걷는다.
너를 잊지 못하는 게 아니라 나의 기억을 못 잊는 것이다.
너에게 미치지 못하고 나에게 사무친 시간이었을 것이다.
너를 사랑했던 것이 아니라 너를 사랑하고 있는 나를 사랑했던 것이다.
사랑은 언제나 자아도취며 자기만족이므로.
나는 결코 한순간도 너를 잊은 적이 없다고 하지만
나는 한순간도 나를 놓은 적이 없는 것이다.

너를 향했던 나의 유일한 변명은 너다.
다만 너였기 때문이다.
너를 사랑하며 나를 붙잡아둔 시간도
너와 사랑하며 나를 다잡아둔 마음도
너라서 가능했던 착란원(錯亂圓)일 뿐이었다.

From _ Germany, Rothenburg

로만티셰슈트라세의 로텐부르크. 두 번째다. 성곽으로 둘러싸인 작은 마을. 특별하게 화려하지 않은데 어느 것 하나 무심할 수 없는 풍경이다. 동화 속의 마을이라는 말도 있다. 독일에서 가장 아름다운 마을이라고도 했다. 모든 것이 소박하고 모든 것이 낮았다. 빵가게가 있고 인형가게가 있고 그 뒤로 교회가 있는, 어찌 보면 평범한 마을.

한낮의 동네는 다 비워진 와인 병처럼 심심했고 간혹 그곳을 걷는 사람들은 와인 한 병을 거뜬히 비운 사람처럼 웃음이 만면에 흥건히 비쳐 보기 좋다. 나는 이 소소한 아름다움에 마음을 뺏겨 책갈피 속에 끼워둔 단풍잎처럼 기억에 오래오래 넣어두고 생각날 때마다 추억하고 싶은 마음이 들었다. 거창하고 화려한 것은 세상에 많이 있지만 그것이 내 마음에서 오래 가지 않았던 이유가 있다.

한때 거창한 꿈을 말하고 아름다운 것만 이야기하며 좋은 것만 보여주고 싶었던 어떤 사람이 내게 있었다. 종국엔 이루지 못할 것들을 두고 없는 미래를 이어나가기 위해 좋은 것만 말하고 싶었다. 결국 빤한 결과를 내밀 거면서 말이다. 사랑하니까 그랬노라 스스로 변명하지만 사랑하니까 사실대로 보이고 사랑하니까 가능한 것들에 대해서만 이야기할 수 있겠다는 생각이 들었을 때는 이미 늦어버린 지점이다. 사랑이 전부인 줄 알던 때 그럼에도 사랑에 확신이 없어서 한 변명이었는지 모른다. 어떤 식으로나 잘 보이고 싶었으므로. 그때는 그 방법밖에는 몰랐으므로. 그렇

게 다시 변명을 해본다.

　로텐부르크. 이곳에서는 있는 사실 그대로만 말해도 충분히 아름다울 이야기. 화려하게 변명하지 않아도 아름다울 수 있는 존재. 모든 것이 소박한 이곳에서는 진정한 아름다움을 진실로 아름답게 바라보게 되는 사람의 아름다운 마음이 가장 화려하기에 여기의 나, 치장도 과장도 그리고 변명도 하지 않기로 한다.

충고

;
단단한 말의 알맹이.
연민의 충분조건.

너의 말을 잘 알아듣지 못할 때가 있었다.
이해하지 못하는 게 아니라
이해하고 싶지 않은 마음이었기 때문에.

From _ Myanmar

충고 하나 할까요?

절대로 저축하지 마세요!

그리고 적금을 들 필요도 없죠!

지금 쓰고 싶을 때 그냥 쓰는 거죠!

왜? 아끼고 저축하려 하세요?

생각날 때 그냥 툭하고 건네세요. 어디, 세상이 시간을 기다려줍디까? 그냥 생각날 때, 마음 있을 때 눈 질끈 감고 행동하는 거죠. 다음으로 미루지 마세요! 절대로 아껴두지 말아야 해요. 당신이 진심이라면 지금 아끼지 말고 그냥 쓰세요.

지금 당신에게 돈 이야기를 하는 게 아니라 사랑을 이야기하는 겁니다.

다음에 말해야지!

지금은 때가 아니야!

시간이 필요해!

라고 생각하는 순간 이미 당신 것이 아닐 수도 있지요. 그러다가 지나가 버린 일들을 곰곰이 생각해보세요. 절대로 저축하고 적금 드는 일이 아닙니다. 사랑이란.

마음

;

보이지 않는 얼굴.
가장 쉽거나 가장 어려운 것.

보이지 않으나 가장 크게 존재하는 것.
그러나 가장 잘 보이는 것이기도 하는 것.
때론
얼굴은 마음을 대신할 수 있으나
마음은 얼굴로 대신할 수 없다.

From _ France

변함없는 계절이라면 좋겠는가? 변함없는 사람이라면 좋겠는가? 그런 하늘과 그런 사람을 변함없이 바라볼 수 있는 마음을 당신은 가졌는가? 변한 것은 너의 마음인데 왜 너는 너의 바깥을 투정하는가? 왜? 너는 그것이 바깥으로부터 왔다고 생각하는가? 모든 것은 네 안에 있는데.

골목

추억의 실핏줄.
엄지손톱을 물어뜯는 일.

가장 순수하고 여린 추억은 대부분 골목에서 시작된다.
모든 것이 그곳에 있다.

양팔을 벌리면 네가 달려온다.

5월의 담벼락과 7월의 모퉁이,
9월의 그늘진 계단
그리고 12월의 가로등.

다 자라지 못한 너와 나의 마음을 합하면 비탈진 골목이다.

모든 것을 그곳에 두고 너는 떠났다.
네가 떠난 그곳을 벗어났을 때
나의 모든 것은 온통 미로였다.

From _ Iran, Yazd

누군가의 깊은 음성을 들었다. 문 밖에는 아무도 없었다. 저기 어둠 아래 잠들지 못하는 미로 같은 골목만 보였다. 모든 감정이 어둠의 방향으로 휘어진 캄캄하고 낯선 밤이다. 골목 끝으로 몰려다니는 바람과 밤의 눈을 닮은 고양이가 검은 그림자처럼 다가올 뿐이다. 자정을 향해 뻗은 시곗바늘은 마치 이대로 멈춰버릴 것만 같아서 불안하다. 열대의 밤과 건조한 담벼락, 설핏 열린 누군가의 창문 안은 깊은 잠이 부르는 숨소리로 가득하다. 낯설지 않은 시간이다. 길고 어두운 이 적막마저도. 그러나 분명 다른 건 다른 거다. 다르다.

골목은 저마다 많은 이야기를 쥐고 있다. 모퉁이마다 다른 기록과 낙서와 문신이 있다. 나는 어느 골목에 들어서든 늘 아는 골목의 냄새를 맡았다.
모퉁이엔 방금 이별한 과거가 서 있다. 오래전 지나가버린 시간이 흙담 사이에서 바로 지금의 감정인 양 나를 붙잡는다. 고양이 그림자가 늘어진 가로등 아래선 네 머리칼이 날린다. 내 손가락 사이에서 해초처럼 부드럽게 움직이던 그것. 바람이 몰려간 저 끝에선 여전히 네가 나를 향해 손을 흔들고 있다. 내가 너를 보낸 골목이 여기 아닌데, 나는 너와 여기서도 헤어지지 못하고 만다. 이국의 낯선 잠자리에서 네 목소리 들었고 문 밖으로는 네 그림자가 보이고 골목마다 네 냄새가 난다. 오려거든 오고, 왔으면 가지 말든가. 가려거든 가고, 갔으면 거기 있든가.

기억이 잔인한 것인가. 골목의 흉계인가.
아니면 혹시 너도 여기에 와서 나를 떠올렸는가.

열정

;
사라지지 않는 갈망과 살아남겠다는 욕망 사이에서
꿈틀대는 모든 것.

꽃을 꺾고

가지를 치고

뿌리를 모조리 뽑아버려도

그곳의 흙 내음은 어찌지 못하리라.

그 부유가 씨앗을 다시 땅으로 불러들이리라.

From _ Jordan, Wadirum

붉은 사막 와디럼. 말이 되는가? 붉게 죽어 있다니. 말은 되는가 말이다! 죽은 것이 붉게 타오를 수 있다는 것이. 그 사막이 그랬다. 붉은 사막. 붉은 것은 뜨거운 것이며 뜨거운 것은 살아 있는 것, 생명인 것이다. 사람들의 말처럼 사막은 원래 죽은 것일지도 모르나 그런 것이 그렇게 붉고 그토록 뜨거울 수는 없다. 그곳에서 온통 붉게 물들어버린 가슴속은 뜨끈한 것들로 꿈틀거렸다. 그 소요가 열정이라면 나는 죽은 것을 밟고 있는 것이 아니라 온통 살아 숨 쉬는 것을 딛고 있는 것이었다.

그대, 그대가 세상에서 실망한 것의 종류를 유심히 보라! 그대, 그대가 세상에서 얻은 희망의 종류를 생각해보라! 그것이 붉은 것이었는지 그래서 뜨거웠는지. 그리고 가늠해보라! 당신이 사는 동안 몇 번이나 붉게 타오를 수 있을런지. 그 몇 번의 간극에서 충분히 연소될 수 있는 마음이 아직도 있는지. 그대는 그대가 가지고 있는 정열의 요소가 살아 있는지 죽어가는지 조금이나마 명백하게 알아둘 필요가 있다. 마음 깊숙이 깔린 슬픔이나 아픔, 고통과 괴로움 같은 부정의 흔적은 자꾸 쌓여만 가는데 그 어떤 의도로도 피할 길이 없다면 이 말도 안 되는 붉은 사막을 떠올려도 좋을 것이다. 죽어서도 영원히 붉게 살아가는 이 사막의 열정을 생각해보라. 지나친 열정으로 시작한 것들이 제대로 타오르지도 못하고 검게 죽어서 돌아오는 경우가 있다손 치더라도 끝내 당신의 붉은 열정으로 결과에 지지 말아야 한다. 타오른다는 것은 멈추지 않겠다는 것이다. 붉음은 열기며 열기에 대한 갈망이고 그 갈망은 영원을 좇는 뜨거움이다. 어쩌다

눈을 감고 이 붉은 사막을 그려보면 다시 마음 한 구석이 뜨거워지기도 할 것이다.

다시 나의 마음이 뜨거워졌다. 아직 이룬 것은 없으나 여전히 걷고 있으니 식지는 않은 것이다. 아직도 뜨거울 수 있음은 얼마나 다행인가. 한편으론 그저 뜨거운 열정 하나만으로 산다는 것이 외롭다는 생각도 한다. 어쩌면 차가운 외면보다 홀로 선 뜨거운 열정이 더 외로울 수도 있겠지만 외로움의 온도마저도 뜨겁게 끌어올릴 수 있다면 이 외로움이야 어떠랴. 자신만 좋아서 자신만 이해되는 일, 이것도 열정이다.

선택

,

머리보다 가슴을 따르면 실패해도 절망적이지 않다.

내가 선택할 수 없었으나 내게 속한 것들을 사랑한다.
나의 나라와 나의 부모와 나의 형제 그리고 이런 나를.

내가 선택할 수는 있었으나 내가 속할 수 없었던 것들도 사랑했다.
길을 몰라 멈췄던 게 아니라 끝이 보이지 않아 망설였지만
그래도 내 선택은 언제나 네가 있는 그 방향에 있었다.

From _ Georgia, Tbilisi

디두베의 한적한 시장 뒷골목이다. 사람들의 분주한 걸음 아래 작고 귀여운 강아지들이 하얀 보자기를 깔고 올망졸망 펼쳐져 있다. 크리스마스트리 사이로 겨울의 흔적이 드문드문 파고드는 차가운 시간. 저 풍경엔 따스한 온기가 가득하다. 사람들은 너나없이 허리 숙여 강아지들을 어루만진다. 특히 예쁘고 가장 건강해 보이는 강아지를 안고 볼을 부비거나 입을 맞추기도 했다.

그 무리가 몰려간 뒤에도 오래도록 자리를 뜨지 못하는 한 사람이 있다. 그의 다리는 다친 양처럼 가느다랗고 그의 등은 짐을 많이 짊어진 당나귀처럼 휘었다. 그런 그가 품에 안고 손길을 나누는 강아지는 작고 힘이 없어 보이고 그의 행색마냥 볼품마저 없다. 그 모습이 자신을 어루만지듯 신중하고 처연하다. 작고 병들어 보이는 강아지에게서 투영된 자신이라도 본 것일까? 강아지를 안은 것이 아니라 그의 모든 일생을 안듯 그렇게 오래오래 안고 있다. 그것을 지켜보는데 가슴이 요동친다. 따뜻한데 슬프고 슬픈데 온기가 느껴진다. 그의 선택이 내심 안쓰러웠으나 나는 그의 심정을 본다. 만진다. 믿는다. 그의 마음이 자기연민이든 작고 불쌍한 어린 짐승을 향한 사랑이든 그는 지킬 것이 있는 사람처럼 입가에는 미소가 만연했으나 단단한 의지가 보인다. 선택은 단지 가리키는 것이 아니라 안는 것이다. 가슴으로 바싹 끌어당기는 것이다. 자신의 선택 모두를. 전부를.

내가 선택했던 대부분은 나를 사랑하지 않았다. 그렇게 여길 수밖에 없었다. 저 풍경을 보니 내가 틀렸다는 것을 알았다. 나는 선택한 모든 것을 따뜻하게 안지 않았던 것이다. 내 선택 중에 가장 아름답다고 여기는 부분만 선택하고 그것만 사랑하고 싶었던 것이다. 선택은 부분이 아니라 전부여야 함을 그땐 몰랐다. 보이지 않는 나머지도 사랑할 수 있을 때 내게 전부가 되는 것처럼. 전부를 선택하지 않으면 전부 오지 않는다. 선택의 잘못이 아니라 생각의 잘못이었을 것이다. 선택은 생각으로 하는 게 아니라 마음으로 하는 것이니. 선택은 계산에서 얻어지는 것이 아니라 계산할 수 없는 전체다.

여행자는 늘 수많은 갈림길 앞에 서서 망설일지나 한 번 들어선 길에서 후회하는 마음은 먹지 않는다. 자신의 선택을 믿고 그 선택이 쥐어주는 아주 작은 티끌마저도 길 위에서라면 모두 사랑할 준비를 하는 게 여행자다. 나머지를 포함하는 전부, 그것을 사랑하는 일에 새로운 선택을 할 때가 다가온다. 다음 배낭을 꾸릴 땐 이 디두베의 풍경을 제일 먼저 떠올리리라.

기도

;

믿음이 조정(措定)하는 유창한 텔레파시.

기도는,

신의 힘으로 자신의 욕에 더 빨리 도달할 수 있다고 믿는 서툰 착각이며

나약, 불리, 실조, 결핍의 덩어리들과

나의 모자람이 뒤엉킨 모종의 발설이다.

신의 이름을 부르기 전에 스스로 다짐부터 하라.

신은 잘못의 고백보다 희망의 독백을 더 듣고 싶어 할지도 모른다.

From _ Iran, Qeshm Is.

맹그로브숲이 바다 위의 작은 섬처럼 펼쳐진 그 마을도 섬이었다. 섬에서 섬을 바라보는 야릇한 마음으로 정처 없이 앉아 있던 언덕에서 그를 만났다. 숙소가 없던 첫날을 근처 사원의 마당에서 노숙하고 난 저녁 무렵이었다. 그가 나를 불렀다.

"여행자요?"

그는 갑자기 어디서 나타난 사람일까.

"예. 저는 여행자입니다. 이곳에는 정말 머물 만한 숙소가 없나요?"

지난 밤 한뎃잠을 잔 설명을 하려는데 그가 당연하다는 듯 고개부터 주억거렸다.

"여행자들이 여기까지 올 거란 생각은 다들 하지 않는답니다. 묵을 곳을 찾는다면 나를 따라가겠소?"

항구 쪽으로 열려 있던 그의 방은 예배당이고 거실이며 식당이자 서재였다. 나는 그의 방에 딸린 작은 창고 같은 방에 짐을 풀었다. 아무래도 좋았다. 그가 매일 기도하는 그곳이 나의 구원의 장소나 다름 없었다.

섬의 마지막 날. 뜨거운 바람이 몸에 번졌다. 오한으로 떨리는가 싶다가 이내 사지가 축축 늘어지고 머리는 끓고 정신은 망망해졌다. 내가 할 수 있는 것은 고스란히 그 통증을 앓는 일이 전부였다.

기도를 끝낸 그가 다가와 내 이마를 짚으며 다시 그의 나라 언어로 기도를 시작했다. 마치 영화 속의 배경음악처럼 들리는 그의 음성은 내 마

음을 흔들었고 홀연 지난 모든 풍경들이 부드럽게 기억의 수면 위로 떠올랐다. 내가 걸어온 길과 그 길에서 만난 사람들의 얼굴이 하나하나 스쳤다. 그들이 내게 준 마음이 새삼스럽게 낱낱이 각인되는 순간이었다. 나는 종교가 없지만 그의 음성을 믿었다. 내밀한 자백처럼 나직이 울리는 그의 언어를 알아들을 수 없었으면서 진심으로 나를 위해 신과 소통하려는 그의 마음은 느낄 수가 있었다. 불덩이처럼 뜨거운 내 머리를 만지며 "신의 가호가 있기를." 하던 음성은 사람이라기보다 천사에 가까웠고 고개를 들고 하늘을 올려다보던 눈빛은 그동안 내가 봐온 이 세상의 눈동자가 아니었다. 내가 알지 못하는 그의 신에게 오히려 그를 친절히 소개받는 느낌이 들었다. 열은 당장 내리지 않았지만 확실히 기분은 나아지고 있었다. 그의 기도는 그날의 내 열병에 신통력이 있었고 그가 기도로 불러온 신은 분명 지척에 있었다. 신은 몸으로 체험하는 것이 아니라 마음으로 느끼는 것이라는 걸 그때 알았다.

길 위에서 만났던 많은 사람을 생각한다. 정처 없던 나를 잠시 묶어두었고 안주케 하던 그 마음들을 생각한다. 내게 이유 없이 종교처럼 자혜롭던 그 많은 인연을 위해 나도 간절한 기도를 할 수 있기를 기도한다. 그리고 나를 위해 기도한다. 이 길 위에서 다 흔들려도 좋고 더 휘청거려도 좋으니 다만 끝까지 좋은 마음으로 오래도록 걸을 수 있기를.

용서

타인에게 주는 나를 위한 선물.

타당한 용서란 세상에 없다.
용서는 고통의 양보며 인내의 파문을 애통으로 견디는 고행이다.
그러니 용서받은 자는 영원히 무릎을 바닥에 둔 채 살고
용서한 자는 넓어진 보폭으로 더 큰 세상을 향해 걸을 수 있다.

From _ China

그대의 마음만은 육신의 무례와 달랐다 믿어본다. 삶이 그대를 궁지로 몰고 가 잠시 그대의 의지와 상관없이 무리한 언사와 도리 외의 언동을 비췄으나 그대도 나와 같은 풍경에 속한 선한 마음이라는 것을.

그대와 나의 과거가 다르고 그대와 나의 현재가 어긋나서 미래 또한 빗나가는 인연이라 여긴다. 나에게 그대의 방식을 요구하고 서로의 관계를 부족하게 만든다고 해서 그것이 뭐 그리 큰일일까?

그대는 그대만의 마음으로 살아라. 처음 보는 사람과도 웃음을 나누고 평화로운 풍경 속에서 늘 온화한 마음으로 살던 그대를 잃지 마라. 그대 덕분에 나는 조금 더 너그러워졌고 생각은 더 넓어졌으니 용서는 결국 서로를 위해 내가 나눈 것이다.

그러니까 그대도 용서하라. 이 모자란 자를.

우연,

모든 우연은 어쩌면 필연, 그러니까 우리는 인연.

무심코

그러나 결국 무심하지 않은.

우연히

그러나 그것은 끝내 인연.

당신이 의도하지 않아도 누군가 당신을 위해 계획하고 있을지도 모른다.

그러니 당신은 그 우연을 놓치면 안 되는 것.

From — Solomon Is.

당신은 우연을 기대합니까? 그 우연이 당신에게 행운이 될 것을 상상해 본 적 있습니까? 세상이라는 끝없는 망망대해에서 어느 날 우연히 고개를 돌렸을 때 당신은 작은 섬처럼 그곳에 있었습니다. 처음부터 당신은 그곳에서 나를 기다린 것처럼 마치 나는 당신을 향해 일생을 그곳으로 달린 것처럼.

행운이란 그런 것입니다. 아주 우연한 것. 그러나 그것을 당신이나 내가 한순간 알아보는 것. 그렇게 필시 우리는 만나게 되는 것입니다. 당신이 바라보던 그곳과 내가 바라보던 그곳이 우연히 닿아 우리의 아름다운 현실이 되는 것입니다. 각자가 생각하던 상상 속의 그 아름다운 일들을 우리는 어느 날 문득 만나게 될지도 모릅니다. 그때 당신은 나를 정확히 알아봐야 합니다. 그거 아세요? 완벽한 우연만이 운명을 이끈다는 사실? 네, 제 경우엔 정확하고도 분명히 그렇답니다.

차이

아이가 말했다.
"아저씨의 한 걸음이 제겐 다섯 뼘이에요."
나는 걸음을 멈췄고 아이 손을 물끄러미 오래 들여다보았다.
아이가 다시 말했다.
"하지만 그게 그거죠. 어차피 거린 같으니까요."

1등석을 타도 3등석을 타도 우리는 끝내 같은 자리를 지나 같은 방향으로 달린다. 생이 끝나는 그 순간에 우리가 가진 것은 보이는 것이더냐, 보이지 않는 것이더냐? 보이는 것들만 소중히 여기는 자와 보이지 않는 것까지도 소중히 여기는 자는 분명 큰 차이가 있다. 빤히 보이는 것으로 애먼 간격을 두려 하지 마라.

From _ Turkey, Istanbul

당신이 아무리 아니라고 해도 어쩔 수 없었다. 서로의 가슴을 맞대어 사랑한다 해도 당신 마음속에 결코 닿을 수 없던 순간들. 내가 어찌할 수 없는 당신과의 간격. 사람과 사람, 그 사이의 거리를 부러 좁힐 수는 없겠으나 서로가 아무리 멀리 떨어져 있다 해도 한 치의 간격 없이 밀착되어 살아가는 사람도 있으리라. 단지 나는 그런 사랑을 모른 채 그저 꿈꾸기만 했을 뿐이다.

그날 장황하게 펼쳐진 보스포러스해협을 건너는 동안 지난날의 내 마음을 보았다. 당신이 그랬는지 내가 먼저였는지 알 수는 없었지만 우리는 분명 밀착되지 않는 간격을 두고 서로를 탓하며 아우성이었는지 모른다. 당신이 어쩔 수 없던 것이듯 나라고 어쩔 수 있는 것은 아니었다. 우리는 서로 다른 사람으로 태어나 어느 만큼의 실수를 줄여가며 함께 사는 것이라 믿고 부단한 노력 정도는 했을 것이다. 그러나 노력으로 되는 일이 세상에 얼마나 될 것인가? 끝내 당신이 사라진 반대편으로 우리의 간격은 더욱 크게 넓어졌다. 그 사이에 이제 영원히 건너지 못할 바다가 생겼다. 나는 그것을 보스포러스해협이라 부르겠다.

터키는 두 개의 대륙으로 이루어진 한 개의 나라다. 터키의 수도 이스탄불은 유럽과 아시아에 걸쳐 있으며 그 사이에 가느다란 선이 그어져 절대로 하나가 될 수 없는 대륙으로 살아간다. 그래서인지 터키는 상상보다 많은 것이 고스란히 모여 있다. 사람들이 그렇고 풍경 역시 그랬다. 이 두

가지 대륙의 사이에 서서 내가 잃어버린 것들과 내가 찾고 싶은 것들을 생각했다.

'우리는 어쩌면 서로가 너무 밀착되어 서로를 바라보지 못하는 것일 수도 있지. 때로는 이렇게 적당한 간격으로 떨어져 서로를 봤어야 했다. 당신과 영원히 밀착되고 싶었다면 이렇게 했어야 했는지 모른다.'

이스탄불 그 사이의 바다 보스포러스해협. 연인들에게 그곳에는 꼭 가보라 권하고 싶다. 간격과 틈, 그 사이로 들여야 할 적당한 거리를 생각하기 좋은 곳이므로.

흔적

,

시간의 얼룩.
기억의 냄새.
흔하디 흔한 시치미.

우리가 나눈 밀어가 증발되고 남은 시간의 실체는
이른 아침 지도를 다시 펴는 시간이에요.
내 하얀 침대 시트에는 백팔 개의 구김이 남았고
그대가 마시다 내려놓은 커피 잔엔 입술의 흉터가 찍혔고
버리고 간 칫솔에선 민트향이 꾸물대서
나는 아직 피가 가려워요.

그렇죠. 기억의 형상은 늘 사실만 못하죠.
그대의 냄새가 나붓대는 커튼 자락에 빛이 날아와 놓고 간 말.
"다 믿어도 여자는 믿지 말아요."
나는 그 말마저 믿기지 않아서 창문에 써보았죠.
그대가 지난밤 내게 속삭인 믿을 수 없는 말.

"사랑해요."

From _ Lebanon

햇볕 좋은 날, 낯선 골목의 담벼락을 등지고 앉아 지나가는 사람들의 시간을 구경한다. 앞만 보고 걸어가는 사람, 가는 길을 멈추고 쇼윈도를 보는 사람, 누군가를 기다리는 사람. 이 모든 사사로운 풍경이 그들의 시간 속에 포함되어 있다는 것을 그들은 알까? 이 시간의 흔적들이 먼 훗날 문득 떠오른다면 순식간에 오늘로 다시 돌아간다는 것을 알까? 산다는 것은 시간을 새기는 것이고 그 시간 사이로 흔적을 남기는 것이다. 낯선 거리의 그 풍경 모두가 따뜻하다. 다시 새로운 사람들이 밀려오고 나만 그 자리에 앉아 여전히 같은 공간의 다른 흔적들을 바라본다.

태양이 왼쪽 어깨에 닿았다가 오른쪽으로 사라졌지만 그것을 바라보는 일은 여전히 따뜻하다. 빛의 흔적이 아니라 지나간 사람들의 흔적이 마음속 깊숙이 박혔다. 당신이 내 어딘가에 남겼을 따뜻한 흔적을 당신도 알고 있으면 좋겠다.

고백

말하지 말자고 다짐만 수천 번, 말해버리자고 갈등만 수억 번.
마음에서 끌려나간 힘줄에서 날마다 후회가 철철 흘렀다.

보여줄 수 있는 것은 아주 작다*고 했다.
때론 보이지 않아도 볼 수 있는 것이 크고 원대하다.
그러니 작은 것을 진심의 말로 전하고 나면
그것은 세상에서 가장 큰 것이 되기도 한다.

*칼린 지브란의 「보여줄 수 있는 사랑은 아주 작습니다」 중에서.

From _ Germany

마음의 힘이라는 것이 있다. 당신의 반대편에 서 있는 그 사람의 손바닥에 글씨를 쓸 마음의 힘. 당신의 반대편에 앉아 있는 그녀의 어깨에 손을 올려놓을 마음의 힘.

고백해보지 못한 사람은 달려오는 트럭을 맨손으로 들어올릴 수는 있을지언정 깃털 같은 그 손 한 번 잡아볼 수 없는 허탈한 힘을 가지기도 한다. 고백해보지 못한 사람은 먼 길을 떠나 아무 곳에서라도 견딜 수 있는 용기는 있으나 그의 입술에서 나오는 미약한 입김조차 느낄 수 없는 마음의 힘을 가졌을 수도 있다.

행해보지 못하면 아무것도 될 수 없는 것. 하고 나면 비로소 시작인 것. 세상에 보이지 않는 힘을 끌어 모아 한 번은 쏟아내보는 것. 그런 것이다.

Words learned on the road

3장

길 위에 두고 온
말들

어쩌다 이 길 위에서 또 이렇게 많은 것을 그새 받아 챙겼을까. 당신의 친절, 당신의 염려, 당신의 사랑까지. 여기도 사람 사는 세상이니 거기와 무엇이 다르겠나. 이대로 그냥 돌아간다면 나는 또 반대로 이곳이 그리워져서 한동안 앓을 것이다. 내 그릇에 담을 수 있는 것만 취하고 감히 감당하지 못할 것은 놓아야 한다. 차마 안고 가지 못한 것을 때때로 떠올리는 아쉬움도 여행자의 몫이다.

어느 날 그것이 변했거나 변해서 더 아름다워졌거나 변해서 퇴색해버린다 해도 그마저 역시 세상에 부림을 당하며 살아온 나의 일이며 내 세계의 일이니 달라질 것은 없다.

그대여! 내가 두고 온 이 가슴의 단어들 사이를 그대도 걷게 되리라. 그리고 무엇이 그대의 역사와 같은지 무엇이 그대의 사유와 다른지 굳이 그대가 알려 하지 않아도 나는 괜찮다. 어차피 삶이란 각자의 길 위에 각자의 언어로 쓰는 자신만의 기록이 될 터이니.

친구
,
나의 또 다른 나, 너와 똑같은 나.

멀리 있어도 멀어지지 않는 관계.
다 주는 게 아니라 나눠 가지며
헤어져도 이별이란 단어를 쓰지 않으며
일방적이어도 상대성을 들먹이지 않으며
참고 견뎌서 낮아지는 게 아니라
풀고 부딪혀 나란해지는 것.
친구란
오래 만난다고 두터운 것이 아니고
가까이 지낸다고 친밀한 것도 아니다.
있고 없고, 크고 작고와 상관없이
자신을 자신 있게 보여줄 수 있는 관계.
그러므로
친구라 부를 이가 없다는 것은, 그리운 친구 하나 없다는 것은
애인이 없는 것보다 때론 절망적이다.

From _ Egypt

　너와 나 그리고 우리는 서로에게 자주 실수를 범했으나 죄책감 대신 그저 웃으며 반성이나 하고 말 일이라 치부하던 날이 오래되었다. 그것은 결과적으로 너와 나와 우리들에게 회복할 수 없는 실패를 가져올 수도 있는 일이었다. 가장 잘 안다고 믿었던 우리가 서로에게 친구라는 이름으로 할 수 있는 일이라는 것이 고작 쉽게 위로하고 진심 없이 사과하는 일이 전부였다. 하지만 그것 또한 결국 각자를 위한 것. 배려 없이 각자가 각자만을 위로하는 관계라면 그것은 이미 죽은 사이인 것이다.

　모든 것이 성급했기 때문이었다. 쉽게 결정하고 멋대로 이해하고 편하려고만 노력했다. 진중한 것은 각자만 알고 있는 각자의 마음뿐이었다. 깊은 곳을 가지 않고 얕은 곳에 머물며 좋은 것만 취하고 괜찮은 모습만 보이려다 결국 서로의 가슴에 상처내는 일이 되었다. 침착하게 분별할 필요가 있었다. 느리게 닿더라도 나의 진심이 너에게 전달될 수 있도록 너의 속도를 고려했어야 했다. 나는 어쩌면 너희 중 누구도 모를지 모른다. 아무리 먼 거리에서라도 너를 알아보고 찾아낼 수는 있으나 코앞에 얼굴을 맞대고 앉은 네 속을 모를 때가 많았고 알려고도 안 했으니 나는 너를 몰랐다 말할 수밖에. 친구라는 이름으로 모든 것이 해결될 수 있으리라는 기대만 컸을 것이다. 늘 배려는 느리고 후회는 빠르고 반성은 입버릇이다. 네게 취할 것은 없으나 내 것을 나누고 싶어하게 되는 관계. 이제는 그것만 생각하겠다.

노래

,

말보다 절대 먼저 배울 수 없는 것.
언어를 재단해 음을 입히는 일.
좋은 마음이 좋은 노래를 만든다.

당신이 구사하는 모든 언어 그 우위에 있는 것.

슬픔을 깊게 하거나

희망을 당겨오거나

즐거움을 부추기는 가장 빠른 시도.

자신이 자신을 위해 부를 수 있는 그 모든 것.

그리고 그것을 바탕으로 타인에게 들려주는 따뜻한 마음.

그래서

길 위에서 가장 자주 불렀던 천공의 친구.

From _ On the road

길 위의 노래 한 곡

「아니에요! 난 아무것도 후회하지 않아요(Non, Je Ne Regrette Rien)」

- 에디트 피아프(Edith Piaf)

가을이 깊어졌다고 생각할 때쯤 뉴스에서는 지구의 어느 곳에서 얼음이 얼었다는 소식을 전했고 머지않아 첫눈을 예고하기도 했다. 아직 길가의 낙엽들은 여전해도 가을이 깊어진 것이 아니라 끝나고 있었다. 이런 계절에는 말을 줄여야 한다. 이미 끝나고 있는 일들을 기억해야 할 것은 마음뿐이다. 뭐라 말하지도 말자. 떠나는 것들에 대해서는. 다만 또 다가올 계절에 대해서 우리는 새로운 이야기로 누려야 할 것이 많다. 결국 또 떠나게 될 것을 알아도 말이다. 그저 한 계절이 의무를 다하는 시간. 에디트 피아프도 노래하지 않던가. 아무것도 후회하지 않는다고. 나는 그녀의 그 노래가 진심이었기를 바라며 예레반의 차가운 호수를 걸었다. 짙은 푸른색으로 얼어가던 그 넓은 호수를 바라보는 일은 지나간 시간들을 바라보는 것처럼 냉담할 수밖에 없었다. 그날, 계절이 그랬고 그 노래가 그랬다. 따뜻한 노래만을 늘어도 낯설음이 가시지 않는 풍경 속에서 나는 자꾸만 그 노래를 반복해서 들었다. 동그란 계절의 시계추가 멈춰버릴 것처럼 모든 것이 빙결되어 있던 날. 조금 더 무심해지지 못했던 마음들이 발 아래 장대하게 펼쳐진 호수의 밑둥치처럼 알 수 없게 일렁거렸다.

우리는 각자가 스스로의 양심을 위배하며 자주 차가운 세상을 비난했다. 사실은 세상이 차가운 게 아니라 스스로의 양심이 차가운 것을 알면서도 말이다. 세상이 더러운 것이 아니라 사람의 마음이 추하고 더러워 세상을 더럽힌 것을 모르는 것처럼.

세상을 핑계 삼아 늘 후회하고 후회하는 게 전부였던 시간들은 여전히 면역되지 않고 단단한 원망만 남는다. 그러고도 괜찮다고 위로했다. 위안이 되지 않는 위로. 다시 돌아올 수 없는 것들이여, 차라리 다시 돌아오지 마라. 지나간 일은 지나간 일로 무심히 바라보는 일. 절절한 후회만 남았다고 해도 우리들에겐 각자 후회하지 말아야 할 삶이 앞으로 또 펼쳐져야 하므로. 그냥 함구하고 아무렇지 않은 듯 아무렇지 않게 다시 돌아올 수 없는 것들이여, 그냥 잘 가거라.

나눔

가름이 아닌 보탬.
줄임이 아닌 채움.
전함이 아닌 받음.

가진 것 전부를 내줘도 더 주고 싶은 사람이 있다.
이미 많은 것을 받았는데 자꾸만 더 주려 하는 당신이 있다.

그런 사람이 있다.
당신에게 넘치게 받았는데 당신은 준 것이 없다 하고,
내가 준 것은 없는데 당신은 충분히 받았다 한다.

나를 채우는 사람.
자신을 비우는 사람.
당신은 그런 사람이다.

From _ Cuba

체 게바라의 흔적이 연기처럼 곳곳으로 스민 산타클라라. 사람 없는 오후의 광장을 지켜보는 작은 카페는 영화 속 배경과 닮았다. 느리고 느리다. 광장도 카페도 그리고 무력하게 흐르고 있는 나의 시간도. 영화의 한 장면에서 본 듯한 중년이 그 모든 광경과 어울리는 느긋한 포즈로 시가를 물고 있다. 시선이 마주치자마자 눈인사를 한 건 내가 먼저였다. 굵은 시가를 손가락에 끼운 채 답례하는 그의 낯빛이 한낮의 뜨거움만큼 검붉다. 모히토 한 잔을 시켜놓고 사람 없는 광장을 다시 바라보는데 어느새 다가와 의자를 바싹 당겨 앉으며 내 앞에 시가 케이스를 내민다.

"코냑을 마셔야 해요! 커피도 함께하면 더 좋고요! 거기에 초콜릿이 빠져서도 안 되는 겁니다. 이 세 가지는 시가를 더욱 풍미롭게 만들죠!"

툭하고 던지듯 말을 거는 그의 음색이 혁명가를 연상케 했다. 그와 나 사이로 그가 뿜은 들큰한 시가 향이 번졌다. 할 일 없이 카페 구석 자릴 지키는 여행자의 무료함을 달래기에는 여행지에서 만나게 되는 우연만큼 반갑고 흥미로운 것이 따로 없다.

"저는 드릴 게 없는데 제가 가진 담배라도 드릴까요?"

"괜찮소! 나는 당신에게 다른 걸 바라지 않아요! 당신은 이미 귀한 시간을 내게 나눠주고 있질 않소? 시간이란 꽤 귀중한 거죠. 특히 나 같은 낯선 자에게 선뜻 내주는 이런 시간 말이오! 이 시가보다 더! 그러니 나와 시가나 한 대 피웁시다."

그가 내뿜는 시가 연기는 느긋했다. 그보다 그 말 다음에 별 말 없는 그

의 느긋함은 천천히 내 마음을 일으켜 세웠다.

"고맙소."

다 피운 시가를 내려놓으며 그는 분명 내게 고맙다는 말을 했다. 대접은 내가 받았는데. 이건 어떤 경우인가? 평생 피고도 남을 최고급 시가를 몇 박스나 선물받은 기분이었다. 그날 체 게바라를 만나기 위해 찾아간 산타클라라에서 정작 내가 만난 사람은 쿠바의 산타클로스였을지 모른다. 아니 그의 말대로라면 나도 잠시 그에게 등장한 산타클로스였을까?

산다는 것은 나도 모르게 쌓은 빚을 하나하나 도로 갚아나가는 것. 존재한다는 것 자체가 이미 세상으로부터 많은 것을 받아 사는 일이므로. 더구나 사람이 가진 것 중 가장 협소한 것인 마음은 또 거기 사랑은 이상하게도 마음먹기에 따라 아무리 줘도 전부를 퍼내도 바닥나지 않는다. 받지 못해 슬픈 결핍의 사람들아! 그대의 슬픔은 그대의 사랑을 아직 다 꺼내놓지 못함에 있는 건지도 모른다. 먼저 내놓고 또 내놓는 것. 먼저 그대의 마음을 열고 그대가 먼저 사랑하며 기다려라. 먼저 줄 수 있는 행복이야말로 그 얼마나 풍요롭고 홀가분한가! 그대는 여전히 줄 것이 많은 사람. 그러므로 행복한 사람. 나눔은 덜어내는 것이 아니라 채워지는 것이다. 줄어드는 것이 아니라 늘어나는 것이다. 주는 것이 아니라 받는 것이다. 그리하여 그대의 받고 사는 삶, 빛나며 따뜻하라.

생활

,

오늘이 아니면 내일, 내일도 아니면 그 내일의 내일들로 사는 일.
결국 마음속의 일들로 살게 되는 것.

생활에 이끌려 길을 잃지 않도록

그래서 현재를 의심하지 않도록

그리하여 생활에 흔들리지 않도록

부끄럽지 않도록

마음속의 일들부터 다잡는다.

From _ Korea

겨울바람이 유독 매섭게 불던 몇 해 전, 성북동 꼭대기 비탈진 반지하 방으로 이사를 했다. 대문 외벽에 비좁게 흙을 펴둔 텃밭용 화단 앞에 서서 오래도록 도시의 불빛들을 바라봤다. 그날따라 찬바람은 끝없이 불어 서러웠다. 등 뒤 내가 살아야 할 지하 방을 돌아보는 것만으로도 괴로움이 솟구쳤고 나를 상관하지 않고 찬란히 빛나는 저 아래 불빛들은 내 것이 아니라 외로웠다. 어쩌다 내가 이 산동네로 들어서게 된 것인지 도무지 내가 살 곳이 아니라는 생각만 들었다. 저 아래 도시에서 밀려나 소외된 공간 같은 곳에 묻혀 영원히 세상으로부터 격리되는 기분이었다. 편리한 자동차와 그래도 살 만했던 작은 아파트와 지니고 있던 모든 것을 당당하게 정리해버리고 배낭 하나 짊어진 채 세상을 돌던 나의 호기는 높이에 눌린 반지하 방처럼 움츠러들고 말았다. 현실의 삶은 각오보다 뼈저리고 기대보다 턱없이 부족했다. 어디서든 어떤 식으로든 괜찮을 거란 내 상상은 그렇게 현실에서 빗나간 각도로 세상 반대쪽으로만 기울었다. 모든 건 나의 선택이었지만, 내일이 곧 오늘이 되고 오늘이 바로 어제로 변하는 당연한 미래지만 그런 식의 처절을 현실로 맞을 거란 생각은 미처 못 했던 것이다.

어느 날 새벽, 비탈진 골목 사이로 폐지를 모으느라 열심히 수레를 끌고 다니시는 할머니를 만났다. 반쯤은 꺾인 노인의 허리 뒤엔 아랑곳없이 꿈을 꾸는 도시의 전경이 있었다. 대부분의 사람들은 아직도 편안한 잠자리에 있을. 일러도 너무 이른 시간. 힘겨운 수레와 그보다 가파른 경사 길에 맞서 자신의 나머지 나날을 책임지고 있는 누군가의 노후가 내 뒤통수를 후려치던 순간이었다. 가슴에선 반성의 아우성이 요란했다.

'그래, 내가 뭐라고. 내가 저 할머니보다 나은 게 뭐라고 나를 내가 가두며 이곳을 소외된 구석이라 생각하는가?'

여전히 나는 나를 사랑할 줄 몰랐던 것이다. 원하는 것을 더욱 원하며 살기 위해 버릴 것을 버린 건 나인데, 어디다 억울하게 빼앗긴 게 아닌데, 내 선택의 결과를 불평하고 고작 먹고 자는 불편함에 내 인생 전체를 후회하다니. 지난밤이 부끄러웠다.

주어진 환경에서 가장 잘 사는 법, 현재에서 가장 행복하게 사는 법, 삶이란 누구의 시선을 위해 사는 것이 아니라 나를 위해 사는 것이라는 평범한 진리를 자주 잊고 살았다. 배낭 싸 메고 오지를 돌던 그날들에 비하면 더 할 말이 없다. 생활에 필요한 최소한의 물건만을 지니고 살리라던 결심도 떠올랐다. '앉은 곳이 꽃자리'라는 말처럼 지금 이 자리가 나의 동산이고 꽃밭이어야 할 일이다.

어느 날 내 집을 찾은 후배가 말했다.

"이곳이요. 형이 좋아하는 인도의 다르질링과 비슷한 곳이군요?"

그러고 보니 발아래가 온통 구름으로 덮여 있던 그 아름다운 동네 다르질링의 풍경과 어느 정도 닮은 것 같기도 했다. 이 좋은 곳에서 좋은 생각을 할 수 없다면 나는 끝내 세상 어디에도 머무를 수 없을 것이다. 당장 희망이 보이지 않는다고 없는 것이라 여길 일이 무엇인가. 나름대로 건강한 몸, 누구보다 바른 정신을 가진 게 나란 인간이다.

지나온 시간보다는 나아갈 시간이 내겐 더 많다. 저 아래 빛나는 도시의 불빛들을 땅의 별들이라 여기리라. 하늘에도 땅에도 별천지인 곳이니 이곳을 천국이라 믿으리라. 그리고 나 스스로를 조금 더 사랑하며 살리라.

이웃

나를 닮은 사람들, 내가 닮을 사람들.

가족을 떠나서 만나는 첫 번째 가족.
그러기 위해서 스스로 부모의 마음이 되어야 한다.
그러기 위해서 스스로 자식의 마음이 되어야 한다.

From _ India, Puri

인도의 푸리, 작은 어촌 마을에 사는 청년 라주는 나를 형이라 불렀다. 이름을 부르지, 왜 형이라 부르냐고 묻자 그가 말했다.

"우리는 가족이니까."

자신의 부모가 나의 안부를 걱정하고 자신 또한 나의 존재를 중요하게 여긴다고 했다. 인도를 갈 때마다 그곳을 찾으면 같은 동네에서 가끔 본다는 이유로 그는 나를 가족이라 불렀다. 나의 남루한 숙소에 몇 번 초대했고 번듯하지 못하지만 화목함이 가득한 그의 집에 몇 번 초대되었다는 이유로. 그의 말을 들었을 때 막 구워낸 고소하고 따뜻한 빵처럼 기분이 말랑거렸고 마음이 따뜻했다. 언어는 달랐지만 마음의 소리가 전해졌다.

실제로 길 위에서는 많은 사람이 서로 이웃이 되기도 하고 가족과 같은 마음을 느끼기도 한다. 그들로부터 받은 따뜻함이 나의 마음을 데워낸 것이었으나 애초에 내가 은연중 그들의 관심과 호의를 바랐을지 모른다. 누구나 그렇게 낯선 곳에서도 서로에게 가족이 될 수 있다. 가족을 벗어나 이웃이라는 가족을 만나고, 그 가족이 다시 다른 이에게 가족이 되기도 하는 것이다.

먼저 다가가라. 먼저 손을 내밀어라. 당신의 가까운 모두를 이웃처럼 여기고 그 이웃을 가족처럼 대해라. 사람과 사람이 만나 마음의 체온을 나누면 여행의 온도가 조금 더 높아질 것이다. 최소한 그곳이 타지거나 길 위에서라면.

동행

;
같은 방향으로 가는 것이 아니라 같은 마음으로 가는 것.

떠난다고 내게 알리지 마라.
돌아오지 않을 거라면 떠난다고 말하지 마라.
가려거든 머문 적도 없이 가고
오려거든 떠나지 않은 듯 그렇게 오라.
다만
함께하는 동안 너의 모든 것처럼 대하라.

우리는 누구도 처음부터 끝까지 함께 걸을 수 없으니.
그것이 삶이니.
잠시 같이 걷는 동안 그것이 전부가 될 것이니.

From _ India

아침이 오고 있다. 무수히 떨어지던 폭포 밑의 시간처럼 싸늘하고 차가운 아침이다. 시간이 이대로 흘러 다시 몇 번의 아침이 온다고 해도 너는 오지 않을 것이다. 우리가 잠시 나란히 앉아 함께 바라보던 누런 강물처럼 너도 돌아오지 못할 것이다.

"어쩌면……."

그 말은 약속도 아니고 어떠한 다짐도 아니란 것을 알고 있었다. 알고서도 어쩌지 못하는 마음에 아무도 없는 아침이 오고 있다.

"어쩌면 함께 가지 못할 거예요. 그래도 우리는 동행이에요."

그 말 속에 이미 정반대의 길이 열려 있었다. 믿지 말아야 했다. 그 말을 남겨놓고 너는 어느 방향으로 흘러가는가? 그 말을 들은 나는 어느 방향으로 흘러야 했을까? 같이 걷지 않고서 같이 나누어 가져간 그 마음만은 동행일까? 언젠가 어디선가 그날처럼 다시 만나게 되었을 때 우리가 걸었던 각자의 길에 대해서 서로에게 나눌 말이 있다면 그때는 동행일까? 나는 '동행'이라는 그 말이 전부인 것으로 알고 그때도 다시 홀로 걸어야 할 것이다. 너는 내가 한 번도 걸어보지 못한 새로운 길, 어쩌면 그 길 앞에서 그저 망설이며 들어서지 못하는 길로만 남겨둔 채 그렇게 다시 힘주어 나의 길만을 걸어야 할 것이다.

그렇다. 어깨를 나란히 한다고 마음이 나란해질까? 잠시 함께 걸었다고 그것이 전부가 될 수는 없었다. 차라리 그 마음을 안고 홀로 걷는 것이 나을지도 모를 일이다. 우리는 처음부터 각자가 각자의 길을 걸었던 사람

들이므로. 설령 함께 가자며 나섰다가 우리 중 누가 먼저 그 길 위에서 멈춰설지는 알 수 없는 일이므로. 같이 걷지 않고서도 같이 가져가는 그 마음이 더 크다는 것을 믿어본다.

   너의 말처럼 나는 걷고 있다. 너도 어느 길 위에서 나처럼 걷고 있을 것을 안다. 그러니 어느 방향으로 걸어도 같을 것이다. 너의 말처럼 그것은 함께 걷는 일일 것이다. 너와 내가 같은 마음으로 걷고 있다면. "함께 가지 않아도 우리는 동행이에요."라던 너의 말, 그 말만은 믿어본다.

술

,

무엇이든 움직이게 한다.
그러기 위해 잠시 빌려 쓰는 것.

어찌 사람이 한잔의 술만도 못할까?
툭하면 넘치고 먼저 다가가 부딪히지 않고
그렇게 권할 줄 모르고 나눌 줄도 모를까?
홀로 채우고 홀로 비우는 것이 인생이라지만
결코 나는 스스로 채우지도 비우지도 못했다.
너에게는 생각이 빈 잔이었고 마음만 과음이었다.

From _ France

형님, 잘 지내십니까? 저는 잘 지냅니다. 오늘 계절이 바뀌고 있는 이국의 벌판에서 잠시 형님 얼굴을 보았습니다. 포도 수확이 한창인 이곳에서 문득 형님이 생각난 까닭을 저도 잘 모르겠습니다. 모든 것이 마무리되고 있는 이 풍경 안으로 겨울이 곧 들이닥치리란 느낌이 들었죠. 정리의 계절이 온 겁니다. 빠른 시일 내 한잔하자던 형님의 그 말씀에 지금은 아무리 크게 답해도 들리지 않을 거리에 서로가 있지만 오늘 그 벌판에서 마주했던 형님이 생생합니다. 잊고 살지는 않았습니다. 다시 여행자가 된 이후로 거의 혼자 먹는 밥 옆에 반주처럼 멋쩍게 떠올리는 형님의 그 한마디.

"한잔하자."

가족이라는 이유로 소홀했던 그 한잔의 약속이 이른 아침 어머니의 도시락처럼 그리워지는 시간입니다. 모든 것이 공평하던 그 시절에 살갑게 나누던 많은 것이 사라지고 없는 느낌입니다. 참 멀리 와 있습니다. 그날로부터도 우리는 너무 멀리 와 있는 것이죠. 왜 그 말이 생각났을까요? 철없이 늙어버린 동생에게 한잔하자던 그 약속. 약속이란 말도 없이 약속이 된 그 소리. 아마도 형님의 그 음성에서 약속보다 간절한 울림이 제게 전해졌기 때문일 겁니다. 그리고서도 그 약속을 위한 약속을 잡지 못한 것은 오래된 시간의 서먹한 벽이거나 저의 소홀 때문입니다. 그런 제 이기적인 소홀이 때로는 가족을 가장 흔한 남으로 만들기도 했을 겁니다. 하지만 이유 없이 든든한 마음이 있었다는 걸 솔직히 말씀드리고 싶습니다.

그래서 그것을 마지막 보루라고 믿기도 한 것 같습니다. 이렇게 부치지도 못할 편지보다 아무렇지 않게 작은 소주잔을 놓는 편이 우리의 시간을 당기는 큰 힘이라는 것을 알지만 끝내 제 안에서 풍화되는 간절함에 응하지 못했습니다.

지금은 술의 힘이라도 빌려야겠다고 생각했습니다. 이름을 알 수 없는 이 와인은 낮에 본 들판의 포도들을 숙성한 것이라네요. 깊고 붉은 색깔이 마치 이 지방에서 가보지 못한 풍경의 저녁노을처럼 은근히 번지다가 빼곡하게 출렁입니다. 누군가 정성껏 가꿔 담근 포도주가 제게는 한잔의 용기가 되어 멀리 있는 형님을 이리도 가까이 불러 앉혀봅니다. 그것이 필요했겠죠. 사람의 정성. 술의 힘을 빌려서라도 저야말로 그래야 했겠죠. 예의 없이 다가가서 그냥 툭하고 던지듯 소주잔을 놓을 용기. 어린 시절 형님과 똑같은 도시락을 욕심내던 그 마음으로 주량이 약한 형님 잔을 얼른 내 안으로 털어놓고 얄밉게 웃을 줄도 알아야 했겠죠.

그것이 가족에겐 그 어떤 살가운 정성보다 큰 것이 될 수도 있겠다는 것을 전들 모르겠습니까만. 술을 마시기 전에 술의 용기를 빌어 형님을 앉혀놓고 어리광을 피워야 했을 겁니다만. 그랬더라면 이렇게 장황한 말조차 필요 없었겠지요. 그때 슬리퍼라도 끌고 나가서 희미한 불빛을 핑계 삼아 취한 척 모든 것을 말했더라면 좋았을 텐데 말입니다. 그렇지만 압니다. 지금처럼 무심히 시간이 흘러간 어느 먼 훗날, 우리 앞에 놓일 술잔이 아무렇지 않게 이 시간들을 좁혀줄 것을 기대합니다. 지금 당장 달려갈 수 없다는 핑계로 또 시간을 벌지만 그 언제든 약속처럼 만나서 장시간 숙성된 와인을 기대하며 벌겋게 취한 얼굴로 서로를 바라볼 날을 고대하기도 합니다.

그곳은 이곳보다 날씨가 조금 더 차가워졌을 것 같네요. 어느 주점 앞을 지나시다가 문득 발걸음이 멈춰질 때 잠시 저를 한 번 떠올려주시면 고맙겠습니다. 형님, 잘 지내시길 바랍니다. 저는 조금 더 낯선 길 위에서 그곳을 생각하다가 떠나왔을 때처럼 아무 말 없이 돌아가겠습니다. 그때는 제가 먼저 수화기도 들겠습니다. 건강하세요. 그때까지.

이국의 가을에서 당신을 닮은 동생이.

PS. 그런데 형님. 술은 좀 느셨습니까?

인연

;
운명 나누기 확률 분의 순간.
누구도 모르게.

끊을 수도 없고 이을 수도 없는 사람과 사람 사이의 끈.
우리라고 말할 수 있는 너와 나 사이의 바통.
우연히 만나서 인연이 되고 그것이 필연이었다고 생각하지만
우연은 없다.
필연도 없다.
인연만 있을 뿐이다.
살면서 만나게 되는 지구상의 모든 것이다.

From _ Germany

어쩌다가 너를 만나고 또 어찌하다 보니 이렇게 나만 남겨졌다는 생각을 한때 했었다. 인연은 그저 단순한 우연이 아니다. 생각해보라! 그냥 생겨난 인연이란 것이 있을 수 있겠는가. 우리는 어쩌다가가 아니라 어쩔 수 없이 만났고 어쩔 수 없이 헤어지게 되는 것이다. 어쩔 수 없는 것. 인연이란 그만큼 간절하고 절박한 것이다. 우연하다고 생각하지만 그것은 내가 나도 모르게, 네가 너도 모르게 오래전부터 끌어당겼기 때문이다.

"세상에 인연이 아닌 게 어디 있어. 한번 접힌 마음 깃은 쉽게 펴지는 게 아니야. 너무 꽉 움켜쥐려 해서 그래. 인연은 쥐는 게 아니라 잡는 것일지 몰라. 특히 서로 내민 손처럼 마주 잡아야 깊어지고 오래 가더라."

인연이 되지 않은 안타까운 관계에 대해 친구 하나가 그런 말을 했었다. 맞는 말이다. 그러므로 우리는 살아 있는 동안 서로에게 소홀하지 말아야 한다. 함부로 생겨난 인연은 없는 것이기 때문에. 이미 한 번 생겨난 인연은 끊었다고 끊어진 것도 아니며 거부한다고 거부할 수도 없는 것이다. 스쳐 지나간 모든 시간마저도 인연이기 때문에. 당신이 아니라고 생각해도 누군가는 그렇다고 하기 때문에. 나는 그렇게 믿기 때문에.

행복

고개를 한껏 젖히고 하늘을 보던 당신 입에서
작은 신음처럼 새어 나온 말.
"아, 행복해."
그래서 나도 덩달아 행복하다.
눈을 감으면 입꼬리가 올라간다.

당신은 매 순간 또 그렇게 환하여라!

당신이 그렇게 하면 나도 그럴 것이니.

당신은 나와 알고 지낸다는 이유만으로 무조건 환하여라!

이유 없이 행복하여라.

당신이 사랑하는 내가 그랬으면 하니까.

그러기 위해 당신을 사랑하므로.

설령 당신이 나의 우울을 보았다 하더라도 당신은 환하게 웃어라.

그리하여 나도 당신처럼 환해질 수 있도록.

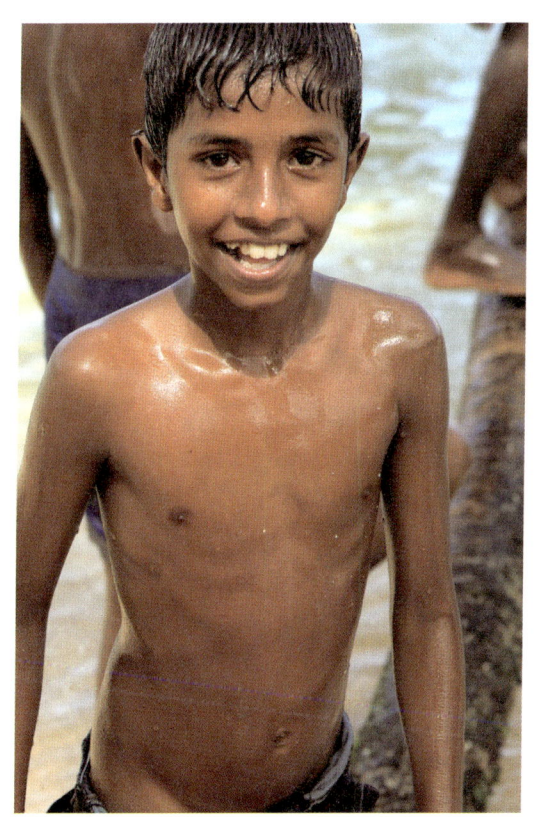

From _ Sri Lanka

당신은 나에게 "행복하세요."라고 말했는데 나는 어째서 행복하지 않으려는 애만 썼을까? 어리석었다. 인간의 모든 행위는 행복에 근거를 둔다는 걸 알면서도.

예. 예. 암요. 행복해야죠. 우리 모두는 행복하기 위해서 태어났으니. 그것이 전부인 줄 알고 살아왔으니. 그래야죠! 그러지 않으면 달리 방도가 없으니. 겨울에 느끼는 따뜻함, 여름에 느끼는 시원함같이 안 좋은 것을 보려 하지 말고, 끝내 안 좋은 것의 좋은 것마저 보려 하는 마음. 언제나 가장 밝고 행복한 것을 볼 줄 아는 마음을 스스로 가져야 하죠. 그래야 겨우 좋아지는 세상이니까요. 인생이란 언제나 행복해야 한다는 전제하에 살아볼 만하죠. 조금 덜 행복해도 행복이라 믿어야 비로소 좋아지는 게 있죠. 그러니까 지금 당신은 가장 행복해야 할 사람 아니겠습니까.

희망

;

나를 위해 바라는 것보다 너를 위해 바라는 마음들.
너를 위함이 곧 나를 위함일 때 희망은 커진다.

그때 우리가 봤던 그 풍경들이 사라지기 전에 제가 먼저 사라졌지요.

그나마 지금은 그곳에 우리가 기억할 수 있는 것은

아무것도 없을 테지만 지금처럼 각자 아무 데서나 잘 살듯

우리는 어디에 살더라도 최선을 다할 것이므로 걱정은 접지요.

당신이 어떤 길 위에서라도 그대로 행복하다면 그걸로 된 것이지요.

그리고 가끔 행복하지 않다 하더라도 상관없지요.

그것을 근거로 다시 곧 행복해질 테니까요.

그러니까 우리는 우리 앞에 주어지는 모든 일에 대해서

담담하게 그리고 진중하게 맞이하고 사귀어나가면 되는 것이지요.

From _ Laos

검은 밤, 별처럼 빛나던 꽃등은 사방에 환하고 그 풍경이 왠지 익숙해서 그 어둠을 걷는 일이 불안하지 않다. 수많은 사람의 마음이 하나하나 꽃처럼 불을 밝히는 날. 바람은 따뜻해졌고 마음은 너그러워져 희망하기 좋은 날이다. 언제부터던가, 희망 없이 살았던 날들이. 언제부터였던가, 희망하지 않고 살았던 날들이. 그래도 살지만, 그래도 살아지지만 이 수많은 꽃등 아래 찬찬히 걷다 보면 나도 소원 하나쯤은 걸어놓고 살아도 될 것 같다는 마음이 든다.

저 많은 희망 중 누구의 것이 소홀하랴. 그 많은 희망 중 누구의 것이 귀하지 않으랴. 당신이 믿고 있는 것들을 홀대하지 않고 잘 보이는 어디쯤 한곳에 걸어둔 적 있는가? 당신의 그 소망이 이루어지지 않는다 하더라도 우리는 살아 있는 동안 언젠가 이루어질지도 모른다는 희망으로 잠시 좋은 마음을 가져 보는 것, 그 언젠가라는 기대의 마음을 품고 자분자분 살아보는 것이 나쁘지만은 않을 것이다. 우리 어느 날 문득 꽃등 하나 밤하늘에 달며 좋았던 이 밤처럼 언젠가 다시 좋은 마음이 된다면 당신이 원하는 그곳에 당신의 마음 하나 걸어 놓고 "언젠가 언젠가……." 그렇게 되뇌며 가붓가붓 돌아오는 밤도 좋겠다. 그러다가 정말로 그 언젠가, 당신의 맘처럼 문득 당신 곁에서 빛이 날 당신의 희망을 기대해보라. 희망은 꽃이며 빛이다. 바로 저 꽃등처럼.

외로움
,

사랑 없이는 존재하지 않는 조건부.
빈자리 체감온도 영하 46.

함부로 외롭다 말하지 마라.

당신의 큰 외로움은 작은 다정함에도 쉽게 무너질 것이니.

늘 외로움은 불리하다.

마음 없이 다정하지 말고 진심 없이 위로하지 마라.

마음이여 아무 데나 앉지 말고 아무나 앉히지 마라.

차라리 함구하고 살다가 그 한곳에 앉아 그것이 전부인 듯 살아라.

외로움은 처음부터 나약하고 불리한 존재.

하지만 외로움이라는 것은 삶이 끝나는 날까지 동반될 평범한 일.

그러므로 우리는, 당신은 늘 불리하다.

From _ Iran

 넓은 숙소에 비어 있는 침대는 단 하나다. 침대는 단 하나만 비어 있는데 방 안에는 아무도 없는 것처럼 공허만 가득하다. 환하게 달빛이 쏟아진다. 달빛은 빈자리에 유난히 오래도록 누웠다. 빛의 습성은 빈자리를 더욱 밝히는 데 있고 외로움의 근성은 지나간 시간을 구속하는 데 있다. 달빛이 침대를 벗어나도 그 자리의 공허가 제일 크다.

 그녀는 자주 빈 침대 쪽만을 향해 돌아누웠다. 나보다 며칠 먼저 그 숙소에 도착했고 누군가가 함께였지만 지금은 혼자라고 말했다. 그 말을 듣고 보니 달빛을 환하게 받고 있는 침대에 머물던 사람의 온기가 느껴지기도 했다. 하지만 무슨 소용 있으랴. 이미 떠난 자의 온기는 차가움보다 못한 것인데.
 "괜찮아요. 난 헤어지기 위해 함께 왔어요. 외로워서 그랬어요."
 외로움을 떨쳐내고자 이별했다고 했다. 괜찮다고 했다. 괜찮다는 말 속에 모든 종류의 외로움이 흡착되어 있었다.
 "그런 종류의 상처는 남이 주는 게 아니죠. 스스로 떠안을 때가 많아요. 그러니 위로도 스스로 해내는 것이라고 할밖에요."
 자신을 스스로 위로하기 시작하는 때부터 진정한 외로움이 시작된다 했던가. 그렇다 치자. 누군가와 함께한다고 외로움이 사라지는 것은 아니지 않나. 우리가 살아가는 동안, 사랑하는 동안 외롭지 않은 순간이 있었는가. 더 많이 사랑하니까 더 많이 외로워지는 것이고 더 치열했으므로 더 외로운 것이다. 자신의 밖을 사랑하느라 자신을 외롭게 하는 것이며 온통 타인에게 이끌려 자신을 방치하는 것이다. 사랑을 보느라 자신을 보지 못함이다. 사랑이 주는 가장 큰 음모는 이별도 아닌 외로움이다.

나는 그녀가 당분간 이 길 위에서 홀로된 자신을 더욱 사랑하고 사랑하길 바란다. 자신이 자신을 외롭지 않게 만들길 바란다. 다시 달빛처럼 환해지길 바란다.

문제

;

하루도 거르지 않고 찾아오는 모든 일.
순조롭게 빠져나가고 난 나머지의 일.
그러니까 대부분의 모든 일.

가끔,

누군가가 나에게 험한 말이라도 한마디 해줄 줄 알았던

그 정적의 시간.

끝내 아무 소리 들리지 않았고

내 마음 후미진 곳에서 덜거덕거리는 암묵적 소음.

그렇게 오는 것이다.

그렇게 시작되는 것이다.

하지만

문제는

그것이 마지막일 수도 있다는 것.

언제나

문제는

너에게 전달되지 않았다는 것.

From _ Lebanon

"아무 문제없게 해주세요!" 가당키나 한 말인가? 아무 문제없게 해달라니. 차라리 이 세상에 홀로이게 해달라고 하는 편이 더 나을 것이다.

너에게 오늘 하루 아무 일이 일어나지 않았다고 하자. 아니다. 아무런 문제가 없었다고 하자. 그 문제없음이 내일도 모래도 계속된다고 하자. 그것이 가능하지도 않겠지만, 그것이 너에게 반드시 이롭기만 할까? 그것을 너는 평화롭다고 여길 텐가? 너의 평화가 너의 행복이라면 그것은 행복일까? 불행을 지나오지 못한 행복이 행복일까? 문제를 느끼지 않고 문제를 해결할 수 없듯이 사는 일이 문제의 연속이다. 문제가 생기는 것은 너의 잘못만은 아니다. 너 홀로 세상을 살지 않았으니 너의 잘못이 아니다. 타인과 너의 잘못이다. 타인과 너와 그 무엇의 복합이다. 어쩌면 이런 생각도 이런 나를 만드는 문제인 것처럼. 문제는 매일매일의 숙제다. 피할 수 없는. 그것을 해결하거나 해결하지 않아도 당장에는 아무 문제 될 것이 없겠지만 말이다.

문제없을 거란 말이 잠시 너를 쉬게 할 수는 있겠지만 문제는 또 언젠가 생길지도 모르는 일일 것이므로.

"어떤 문제가 생겨도 상관없어! 나는 그것을 바로 볼 자신이 있으니까!"

그렇게 스스로에게 문제를 제기하는 편이 더 낫지 않겠나.

몸살

오기의 메타포.
아무리 앓아도 면역되지 않는 일들.
나를 내가 볶는다. 가만두질 않는다.

부딪히고 부딪히는 일

그렇게 확인하는 일

천천히 시작하여 끝까지 가는 일

그리고 후회하지 않는 일

아니다

후회하고서 다시 반복해도 좋을 일

그리고

그 끝에 남는 일

From _ **Myanmar**

#1

슬픔의 노래가 한 곡이 끝나기 전에 나는 다시 카메라를 꺼냈다. 알 수 없는 사진들을 찍어낼 때마다 차츰 열이 내리기도 했다. 누군가의 따뜻한 말 한마디에 겨우 기운을 붙잡은 나는 그 온기가 사라지기 전에 일기를 써야 한다고 생각했다. 그렇게 하지 않고서는 모든 것이 사라지는 느낌이다. 그런 때는 날이 밝아도 마음이 진정되지 않았다. 다 털려나갔는데도 더 내줄 것이 있는지 뒤지는 마음이 자꾸만 움직였다.

다시 검은 밤. 깊은 외로움의 시간에는 장판지를 뜯어서라도 그림을 그려야 했다. 그러지 않고서야 내 마음을 알아낼 방법이 없으니 그것을 내 몸이 앓는 것이라 생각했다. 열이 날수록 신이 났고 뼈에 바람이 들수록 몸이 하는 일에 몰두했다.

나는 매일매일 몸살을 앓지만 마음을 도리고 몸만 썼던 적 많았으니 너의 말은 듣지 못하고 세상의 일엔 귀 기울지 못했을 것이다. 하지만 나 자신에게 먼저 내줄 것이 있어야 했다. 앓는 수밖에 없었다. 내가 나를 앓아보지 못하고서야 어찌 절절 끓는 너를 이해할까. 너 하나 이해하지 않고서 어찌 세상을 살 수 있을까. 다른 건 다 몰라도 살 수 있지만 내가 나를 충분히 앓고 난 후라야 우리 관계를, 삶의 방향을 알 수 있으니 몸살로라도 진을 다 뺀 후에 나는 나를 나로 산다.

#2

땅의 냄새를 맡는다. 조금 알 것 같았다. 이곳이 어딘지. 무릎을 꿇고 피사체를 바라본다. 조금 더 알 것 같았다. 그가 누구인지.

때로는 순전히 내 욕심에 이끌려 낯선 길 위에 심장을 대고 엎드린 채 무작정 파인더 속의 장면에 집착하기도 했다. 숨을 잠시 멈추고 나의 심장에 기대어 손가락을 움직이는 동안 내 관자놀이를 관통하는 그런 느낌들. 조금 더 알 것 같았다. 내가 왜 그 길 위에서 그토록 질기게 남아 있어야 하는지를. 내가 보던 모든 것이 내가 몇 번쯤은 겪고 난 것들과 크게 다르지 않았는데 왜 그토록 가슴이 뛰는지를 알 것 같았다. 내가 잡고 싶은 피사체에 얼마나 가까이 가야 하고 어떤 위치로 프레임을 잡느냐에 따라서 사뭇 달라지는 모든 것 앞에 땅의 냄새를 맡게 된 사람으로서 단 한순간도 생을 사랑하지 않은 적 없다며 나는 더욱 낮게 엎드렸다. 그제야 비로소 그 땅 위를 지탱하는 모든 것이 내게로 천천히 다가왔다. 그들을, 그 풍경을 배회하는 것이 아니라 조금 더 밀접해지려 내가 먼저 엎드리는 일. 그것은 나를 건드려 그들에게 가는 일이다. 내가 움직이지 않고 먼저 도취하지 않으면 절대로 만날 수 없고 보고서도 보지 못할 때가 많았으니. 길 위를 걷는 자. 길 위에서 몇 번의 몸살을 앓아야 하고 몸살을 앓기 위해 나를 신중히 부려야 한다. 다가간다고 만나는 것은 절대 아니다. 부딪히지 않으면 오지 않는 것들이 분명 있기 때문에. 나를 던져 네게 다다르듯 나를 앓아 너를 만나듯.

축복

당신에게 쏟아지는 모든 것.
살아갈 명분과 생명을 얻게 된 모든 의지.

당신은 알고 있습니까?

당신이 얼마나

아름답고

위대하고

사랑스러운지.

당신은 알고 있습니까?

당신의 그 모든 것이 축복이라는 것을.

From _ On the road

하늘 아래 있을 수 있다는, 부끄럽지 않은 마음으로 사는 것
땅 위를 지탱할 수 있다는, 당당한 자세로 사는 것
자신을 위해 노래할 수 있는 흥이 남아 있는 것
타인을 위해 초를 켤 수 있는 희생을 가지는 것
오늘 할 일을 미루지 않는 부지런함을 지닌 것
오늘 하지 않아도 내일이 있어 괜찮다는 여유로움을 갖는 것
누군가를 위해 정성껏 음식을 만드는 마음을 키우는 것
누군가를 위해 음식을 남겨두는 넉넉함을 찾아내는 것
잠시 너를 떠올려보는 흐뭇함을 가지는 것
아주 너를 잊겠다는 단념도 빠뜨리지 않는 것
꽃 한 다발을 살 수 있는 사랑스러운 마음이 있다는 것
동냥 그릇에 동전 하나 던질 수 있는 양심으로 산다는 것
자리를 양보하는 배려를 갖는 것
건배할 수 있는 마음의 화합을 갖는 것
살아 있다는 것
살아간다는 것
모든 것을 살아갈 자신이 있다는 것
그것이 축복이라는 것
그래서
누구든 스스로가 자신을 축복하기를 축복하는 타인이 되는 것

희생

사랑의 또 다른 말.
외롭지 않다는 말.

희생한다는 것은 사랑하는 마음이 있다는 증거다.
사랑 없는 희생은 있을 수 없으므로.
희생한다는 것 자체는 곧 사랑하고 있다는 것. 희생할 상대가 있다는 것은
사랑을 나눠 가진다는 것.
누군가를 사랑하기 시작하면서 가장 먼저 생겨나는 것.
나를 태워 너를 환하게 하는 것이 아니라
나를 태워 함께 환해지는 것.

From India

    돌아오는 사람은 보이지 않고 온통 떠나는 사람들만 불을 밝힌 자정의 플랫폼. 그 대열에 합류해서 붉은 가로등을 차지한다. 모두 떠나고 있다. 떠나와서 다시 떠나는 일. 남겨놓은 것도 없고 가져갈 것도 없는 홀가분한 마음만 덩그렇게 선로 곁에 섰다.

    당신은 언제든지 떠날 수 있겠네요, 라고 묻는 사람에게 누군가를 위해 떠나지 않는 마음이 더 중요하죠, 라고 답한 적이 있다. 그렇다. 누군가에게 무엇이 되어 그 자리를 끝내 지켜주는 것. 그러고 싶었다.

    왜 그렇게 자주 떠나시나요, 라고 묻는 사람에게 딱히 지켜야 할 것이 없기 때문이죠, 라고 답한 적도 있다. 그랬다. 내가 지켜야 할 것이 무엇인지 내가 돌봐야 할 것이 어느 것인지 알 수 없을 때. 그때마다 주구장창 떠나기를 반복했다. 그런 내가 부럽다는 말이 부끄러울 정도였다.

    자신이 지키고 싶은 것들 때문에 사람들은 못 떠나는 것이 아니라 떠나지 않는다는 것을 알고 있을 것이다. 자신의 사랑이 중요하기 때문에, 그에 따른 희생이 필요하다고 생각하기 때문에. 그러므로 그 누구도 희생을 강요하지 않았지만 스스로 희생하는 것은 사랑이기 때문에 떠나지 않는다는 것을 당신이 알았으면 좋겠다.

    그러니까 당신은 사랑이 많은 사람이므로 그곳에서 오래오래 머물러도 좋을 것이다.

거짓말

위태로운 출발.
불안과의 협상.
비밀의 굳은살.
차라리, 쉿!

단 한 번 너를 속였다 해도 배신이다.
누구나 일생에 한 번은 저지르는 언어의 위장.
진실을 가리고 진심을 숨기기엔 차라리 침묵이 옳은 것을.

나를 먼저 속이고 네가 내게 속아주길 바라는 일은
양심을 따지기 이전에 죄책감부터 드는 일이었다.
한 번 쏟은 물을 다시 담는 일과
한 번 날아간 화살을 되돌리는 일이 사람의 힘으로는 불가한 것처럼
내가 나를 속이는 일은 걷잡을 수 없는 불길을 싸안은 기분이기도 하다.
부풀 대로 부풀고 불 대로 불어버린 왜곡과
거나해질 대로 거나해져 과장된 말들은
너와 나 사이에 벽을 치고 그 벽 앞에 다시 금을 긋는 일이었다.
마음을 돌리지 못해 마음을 속이는 일들과
마음을 접지 못해 마음에 겹을 쌓는 일들로
너를 놓지 못하고 욕심 욷 견디지 못해 생기는 일이기도 했다.

네가 믿는 진심을 지킨다는 명목도 핑계다.
나를 변명하고 너를 기만하는 말의 교란이다.

결국 너를 속이는 일은 나를 버리는 과오일 뿐.
거짓은 비밀을 감싸지 못한다.

From _ India

거기, 그 더러운 뒷골목에 소년의 시간이 있었다. 어른들의 과오에 휩싸여 어른 흉내를 내던 소년은 여전히 아이였지만 자신이 어른이길 원했는지 모른다. 비틀린 욕망은 거짓과 잦은 타협을 한다. 비겁한 어른들은 자신의 분신을 거리로 내몰고 거짓말부터 가르쳤다.
 "겨우 30루피예요! 정말 좋은 가격이죠? 어디서도 이 가격엔 못 사요!"
 아이 목소린 울리지 못한다. 힘을 모은 작은 입술이 떨린다. 생계를 위한 거짓말. 어른이 무너뜨린 아이의 세계는 슬프다. 소년의 손에 인도에서만 구할 수 있다는 독한 담배가 들려 있다. 아직은 여리디 여린 아이의 작고 어린 몸에서 비정상적으로 삐져나오는 흙탕물 섞인 유혹, 시궁창에 낀 부유물 같다. 살모사의 몸에서 짜낸 독 같다. 아이를 피해 골목을 돌자마자 또 다른 소년, 다르지만 결국은 똑같은 호객 일색인 소년들이 덤볐다. 그들의 허무한 시절이 낡은 철로 밑 좁은 통로 사이로 악랄하게 덜거덕대며, 약속을 지키지 않고 시간을 맞추지 않는 것이 어떤 균열인지 모르는, 신뢰를 지키는 것만이 진심을 전하는 지름길임을 모르는 검은 눈망울들만 가득 실은 기차가 그들 옆으로 지나가고 있었다.

나는 마음을 바꿔 처음에 만났던 소년에게 소년이 바라던 루피를 건네고 담배 대신 소년의 사연을 원해본다. 말을 걸어본다. 마음을 구해본다. 아이는 내가 묵고 있는 숙소 가까운 마을에 사람이 살 수 있는 형태라기는 어려우나 그런대로 몸을 뉘이고 고단을 덜 수 있는 집과 언제든 마주

하면 위로가 될 수 있는 가족과 낮 동안 함께 뛰어놀 이웃의 친구들도 있었다. 그러나 그 주변 아이 모두는 솔직함을 가르치는 부드러운 흙이 아닌, 넓은 세상을 암시하는 푸르고 드높은 하늘이 아닌, 자연이 내준 놀이터 대신 어른들의 거리로 나가 거짓말을 놀이 삼아 어울렸다.

"아저씨! 내일도 우리 만날까요? 아저씨는 부잔가요? 여긴 얼마나 오랫동안 머물 건가요? 진짜로 이 담배는 원하지 않아요? 저도 빨리 어른이 되고 싶어요. 어른이 되면 하고 싶은 일들을 다 할 수 있을까요? 아, 아저씨! 내일도 저를 만나주세요. 내일도 제게 아저씨가 가진 돈을 나눠주세요. 아저씨는 담배를 태우는 사람이고 제겐 담배가 있고 저는 늘 배가 고프거든요."

아이는 애원하고 부탁하고 배가 고프다는 협박도 했다. 한동안 나는 아이를 찾아가 다시 루피를 건네고 사진을 찍고 아이의 사정을 기록했다. 돌아와 일기를 쓰다만 어느 날 밤, 아이를 향한 동정심은 젖은 솜처럼 무거워져 뒤적뒤적 내가 가진 것들을 챙겨 소년의 집을 다시 찾고 말았다. 하지만 그날의 순간은 평생의 후회로 남을 만한 일이었다. 밤 골목에서 마주친 아이들은 너 나 없이 담배를 물고 있었다. 그들 틈에 소년도 있었다. 30루피를 받고 판 담배로 식구들의 굶주림을 채워야 한다고 했지만 소년은 30루피에 다시 여러 갑의 담배를 사서 한 갑을 팔고 나머지 담배를 피워 무는 일을 반복하고 있었다. 사람의 마음은 쉽게 흔들린다. 눈과 귀의 목격은 얄팍한 마음을 재차 뒤집는다. 자신의 거짓말을 부끄러워 않는 소년에게 어쭙잖은 몇 마디를 충고랍시고 하고는 냉랭히 발길을 돌렸던 나는 소년이 미웠다. 세상이 더러웠다. 내 손에는 소년에게 주고 싶었던 물건들이 그대로 들려 있었다. 미운 건 소년보다 나였다. 더러운 건 세상 이전에 사람의 마음이었다.

거짓말.
그것은 사람을 미워하게 만들고 마음을 더럽힌다. 뛰는 심장은 두려움과 설렘을 혼동케 한다. 아이는 아마도 그것을 몰랐으리라.

기침을 뱉지 않고도 담배 연기를 내뿜으면 어른이 된다 믿었던 아이,
빨리 어른이 되면 꿈꾸는 모든 일이 현실이 될 거라 기대한 아이,
선과 악의 옳고 그름 그리고 거짓말의 잘못을 배우지 못한 아이,
아니 그보다 어른이 되는 끔찍한 악몽이 무엇인지 모르는 아이,
다음날 나를 다시 만나러 와서 변명을 늘어놓던 아이,
어전히 당당히 손 내밀며 내 마음을 구걸하던 아이,
그러나 나는 보았다.
다시 거짓말하던 그 아이의 검은 입술 대신,
들킬 새라 몰래 달아오르던 작고 빨간 귓불과 움츠러든 좁은 어깨.

그것으로 나의 마음은 다시 움직였던가. 되돌릴 연민은 남았던가.
아이의 거짓말에 다시 속아주었던가, 나조차 속였던가.
아이에게 다시 돈을 주었던가, 동정마저 거뒀던가.

그날 나는 종일 내 안의 가식과 세상의 거짓들을 캐묻다가
아이가 던져놓고 간 싸구려 담배 한 갑을 모조리 비웠던 기억만 짙다.
독했다. 기침이 났다.
기침을 내뱉으면서도 그 담배를 다 피워 물던 나.

그랬던 나는 소년보다 어른이었나.
아이는 거짓말로 자라며 어른이 되는 건가.
어른이 된다는 것은 몸에 해로운 줄 알면서도 삼키는 담배 연기처럼 마음에 독이 된다는 걸 알면서도 자꾸만 거듭하는 거짓말을 익히는 일인가.

지금도 내 중지와 검지 사이엔 담배가 타들어가고
처음 담배 연기를 마셔본 순간처럼 심장이 두근댄다.

아아. 어떻게 살아야 어른인 걸까.

실수

발전을 위한 연습.
실수가 실패를 가져오기도 하고 실력을 쌓기도 한다.

첫 순간, 당신에게 품은 일방적인 믿음.
당신의 뒷모습이 보인 마지막에 대해서도 눈물을 흘리지 못했던 시간.
그렇게 시작되고 그렇게 끝나는 것의 반복.
반복되어서는 안 된다고 생각했지만 그 생각도 실수.
단번에 나아지는 것은 없다.
단 인정하고 숙지하는 문제가 남는다.
사는 것은 실수의 연속이고 그것을 연습하는 일이다.

From _ Cuba

그것은 끝내 실패가 아니라 실수였다고 생각했다.

내일 또 만나요, 라고 말하지 말고 조금 더 함께 있어요, 라고 말할 것을.

더 이상 사랑하지 않느냐 묻지 말고 차라리 조금 더 사랑해줄 수 없는지 물을 걸. 우리 이제 그만 만나요, 라고 말하지 말고 언젠가 다시 봐요, 라고 그렇게 말해둘 것을. 지금처럼 되돌릴 수 없다면, 실수가 아니라 실패다. 반복할 수 없는 일은 실패다. 되돌릴 수 없으므로 너와 나는 실패였다고 말한다. 모든 것이 서툴렀음에도 불구하고 연습 없이 치러야 할 일이 비일비재한 세상이다. 더구나 나와 너의 사이에는 연습이 허용되지 않았다.

실패를 하기 전에 실수하는 연습. 실수를 실패로 생각하지 않는 연습. 우리는 누구나 서로의 실수에 연습할 시간을 주어야 한다. 내게 아무것도 아닌 것이 그에게 전부가 될 수 있고 그의 전부가 내게 아무것도 아닌 일이 될 수도 있으므로. 가장 큰 실수는 상대방의 실수를 실수로 인정하지 않는 나의 마음이다. 어쩌면 세상에서 가장 완벽한 것이 실수다. 그 실수를 잘못으로 돌리지 않아야 완벽을 바로 볼 수 있다. 그것을 제외하면 완벽한 것이 뭐가 있겠는가?

귀가

;
회귀점을 몰라도 돌아갈 수 있는 곳.
의식의 잠복과 세뇌.
직선이 없는 길.

해가 지니 돌아간다.
태어나 한 번을 제대로 떠나지 못하는 곳이 있다.
멀리 갈수록 도착할 마음은 가깝다.
매일 어딘가를 헤매고 매번 어딘가로 돌아간다.
돌아오지 않을 마음, 돌아가지 않을 각오도
끝내는 닿을 곳이 있음을 안다.

저기, 밤도 오기 전에
먼저 서두르는 별이 떴다.
별의 방향에서 집 냄새가 퍼진다.
미로 같은 하루를 지나 머물러 간다.
가시를 세운 사람들을 피해 숨으러 간다.

시간마다 배가 고프고 날마다 잠이 쏟아지는 삶.

주저앉고 싶은 순간들 천지에 사라지고 싶은 무의식투성이인 내게
밤때는 놓치지 말라고 이 밤만은 다 잊고 자라고
집에선 불을 피우고 물을 끓인다.

식기 전에 먹으라며 수저를 떠받히고
등을 토닥이며 잠자리를 어르던 그 손의 주인이 그리워
별처럼 뚝뚝 밤을 삼키며 귀가한다.

미리 열어둔 대문을 보자 고단과 시장기가 아우성이고
돌아오라며 종일 나를 부른 문패엔 이런 이름 하나 적혀 있다.

여행자.

From _ Turkey, Trabzon

해가 진다. 내 앞으로 늘어진 커다란 그림자를 밟고 가파른 오르막을 걷는다. 숨이 턱까지 올라 걸음이 쉽지 않다. 밤의 버스를 타고 꼬박 하루를 달려온 이곳은 흑해가 펼쳐진 아름다운 도시라고 했으나 흑해는 보이지 않고 눈앞의 모든 게 캄캄한 미지다. 밤이 오기 전에 짊어진 배낭을 놓고 쉴 곳을 찾아야 했다. 어느 여행자가 '메이단공원 입구'라고 적어 준 쪽지를 꼭 쥐고 꼼꼼하게 훑는다. 목덜미를 타고 내려오는 땀방울에 끈적한 소금기가 느껴지고 바다 냄새가 나는 듯하다. 하루 동안 지치고 고단한 사람들이 어디론가 돌아가고 있다. 그 틈에 껴서 나도 갈 곳을 찾아보는 중이다. 걷다 보니 골목 끝으로 해가 진다. 붉은 하늘에 성급하게 뜬 별 하나를 따라 그리움이 불쑥 내려앉는다. 배는 고프고 얼추 하루를 새고만 몸은 잠을 원하고 있다. 떠나온 길이 아니라 돌아가는 길이면 좋겠다는 생각이 엄습한다. 스멀스멀 떠오르는 것이 많아 이유 없이 울컥이는데, 다행이다. 멀리 골목 끝 메이단공원 입구에 낡은 간판이 깜빡인다. 걸어온 길 뒤로 아득한 수평선이 있다. 돌아보니 멀리 왔다. 내 집이 그립단 생각은 사라지지 않지만 언젠간 돌아갈 곳이 있다는 사실은 여행자의 오늘 밤을, 내일 하루를, 내일의 내일을 버티게 해줄 것이다. 그러나 나는 돌아갈 주소가 없다. 떠나야 살 수 있을 것 같다며 이 길을 위해 모든 것을 정리했다. 당장 돌아간다 해도 머물 집이 없는데, 이상하다. 그립고 아쉬워도 후회하진 않으니. 오늘 밤 나를 받아줄 곳 하나 찾았으니 이것으로 오늘은 되었다.

무모하게 모든 걸 버리고 떠나온 나 같은 여행자는 밤이 되면 더 정처 없는 마음으로 낯선 여행지의 대문 앞을 서성이기도 할 것이다. 하지만 하루하루를 모아 삶을 이어가고 인생을 살아가는 우리의 일상은 여행자의 삶과 별반 다르지 않다. 여행이든 삶이든 우리는 매일매일 집을 나서고 어딘가로 떠났다가 반드시 돌아올 것이므로. 다만 돌아오는 그 길이 하루에 지친 우리의 발걸음을 더 무겁게 잡아끌고 숨을 머리꼭지까지 차올려도 새날을 준비할 집이 있는 당신은 얼마나 다행인가. 기다리는 가족이 있다면 또 얼마나 큰 행복인가. 하루를 사는 일은 다 거기서 거기다. 고단했던 하루는 석양이 지듯 내려두고 조금 즐거운 마음이 되어 귀가하길 바란다. 당신으로 어두운 밤 가로등처럼 환히 밝아지는 얼굴들을 떠올리며 행복한 걸음을 옮기길 바란다. 집이 있어 돌아갈 수 있는 모두는 이른 저녁 가장 먼저 뜨는 별처럼 밤이 두렵지 않을 것이다.

비탈길을 오르고 숙소를 찾아 헤매는 동안 땀에 젖었던 어깨에 밤바람이 닿는다. 오늘 밤 내가 쉴 쉼터이며 나의 임시 거처지만 집이라 여기리라. 낯선 이가 나와 나를 맞을 게 뻔하지만, 따뜻하게 인사 나누리라. 다녀왔노라는 말을 할 수 있을 날까지 잘 지내보리라.
허! 이 바람 참 시원하다. 온몸에 흐르던 땀이 다 식었다.

여기도 바람이 분다. 나도 살아야겠다.

운명

자신의 선택을 진심으로 믿고 그것을 행하는 일.

자신이 행복하게 하고 있는 일이 있다는 것.
그것이 운명이다.
생이 다할 때까지 그것을 어루만지는 일.
그 또한 운명이다.
따르는 것이 아니라 이끌어 실천하는 것이다.

From _ Iran

그의 눈빛이 높다. 흔들리지 않는 그의 눈빛이 높다. 그것은 익힌 것이 아니라 숨을 쉬듯 자연스러운 것이라 어쩌면 그는 그가 숭배하는 신의 제자 중 한 사람일지 모른다는 생각이 들 정도였다. 그로부터 뿜어져 나오는 모든 것이 찬란했다. 마음을 울리는 음성까지도. 자신의 길을 분명히 알고 걷는 그것이 그의 운명이라 했으므로.

"그것은 운명인가요?"

그렇다고 했다.

"당신이 선택했나요?"

아니라고 했다.

"그래도 운명이 될 수 있나요?"

역시 그렇다고 했다.

선택된 상황을 말하는 게 아니라 선택된 상황에 최대한 몰두하고 즐기는 일. 그것을 운명이라고 말했다. 나는 운명론자가 아니지만 그럴 것이다. 운명이란 것은 미래에서 오는 것이 아니라 과거로부터 이어졌기 때문에.

그가 나에게 물었다.

"운명을 믿나요?"

나는 말하지 못했다. 나는 운명을 믿어본 적이 없으므로. 어쩌면 내가 운명을 믿지 않는다는 것은 내가 몰두하고 따를 수 있는 내 인생의 가장 큰 중심이 무엇인지도 모르며 산다는 것 아닐까?

끝

공전의 휴식.
잠시 멈춤.
나아가면 다시 시작.

끝을 본 자 있는가?

끝으로 끝까지 가본 자 있는가?

끝은 있는가?

끝은 없었다.

다만 여러 번의 시작만 있었을 뿐.

그 시작 직전의 모든 것이 끝이라면

끝의 뒤는 다시 시작이라는 것.

그것을 끝이라 절망하지 말라.

그것은 잠시의 휴식을 체험한 것일 뿐.

끝은 없다.

적어도 당신이 살아가는 한.

From _ Pakistan

"모든 것이 이곳에서 끝나고 있어요. 여기가 끝입니다. 적어도 이생에서는 다시 살아날 수 없으니 끝인 것이지요."

그 말을 듣고 눈앞의 풍광을 보고 있자니 정말 그곳은 끝이 나고 있었다. 끝없이 깔린 빙하는 모든 것을 삼켰고 아무런 생명도 허용하지 않았다.

"우리는 지금 몇만 년 전의 과거를 밟고 있는 것이죠. 이것을 잘 건너야 비로소 새로운 땅입니다."

총명하게 못 박는 그의 말에 야릇한 용기가 생겼다. 이미 끝난 과거의 길을 걷는 듯 기분은 신비로움에 휩싸였고 길이 아니라 생각했던 것을 길로 여기며 걷게 되니 현실이 꿈만 같았다. 거대하게 펼쳐진 하얀 빙하를 밟고 요막한 얼음길의 끝을 하염없이 바라보았다. 그 끝에 새롭게 생명이 시작되는 초록의 땅이 이어졌을 것이다. 어떤 길이라도 길은 길로 이어진다.

"끝."

이렇게 말하고 나면 가슴속 저 깊은 곳으로부터 텅텅 소리가 나는 까마득함이 느껴진다. 그리고 이내 그 가슴 밑바닥 어디에선가 다시 시작이라는 공명도 소략히 올라섰다. 더 이상의 길은 없다면, 여기가 끝이라면 더 이상 길을 잃을 이유도 없는 것이다. 끝은 주저앉게 만드는 일보다 새롭게 다짐하고 다시 시작하는 의미가 더 큰 것이라 생각했으므로.

끝이라고 생각하는 그 생각만이 끝이다. 끝은 원래 없는 것이다. 끝이란 차단이 아니라 증발이다. 사라지는 것만이 유일한 끝이다. 존재하는 모든 것에는 끝이란 없다. 잠시 시작이 오고 있지 않을 뿐 휴식을 체험하고 있을 뿐. 끝은 없다. 곧 시작될 것이다. 새로운 길. 새로운 사람. 새로운 사랑 그리고 새로운 끝도.

'끝' 속에 감쪽같이 숨어 있는 '새로운'이라는 것을 잘 살펴보라. 당신은 끝을 마주하고 포기하는 것이 아니라 시작 앞에서 잠시 멈추는 것이어야 한다.

나는 돌아가지 않을 것이다. 나아갈 것이다. 끝이라고 말했으니 더욱 나아갈 수밖에 다른 도리가 없다. 되돌아 다시 반복하는 것이 아니라 새로운 마음을 내디뎌야 하는 것이다.

당신이 끝이라고 말했을 때 모든 것은 과거가 되고 그리하여 내게 남았던 것은 오로지 미래였던 것처럼.

시작
;
언제나의 지금.
바로 지금.

시작은

시작으로

시작해서

시작으로

끝이 난다

From _ On the road

너에게서 벗어나는 길을 모르고 나에게서 빠져나오는 길을 모르니 그것은 끝이라고 생각했다. 아무것도 알 수 없는 상태를 끝이라고 하는 것은 아닐 것이나 시작할 수 없는 그 마음이 끝이라는 것을 알고 있었다. 오래되었다. 그 마음. 그래서 그토록 끝만을 염원하며 살았던 것이다. 다행인 것은 이제야 겨우 그 끝이 보고 싶어졌다는 것.

다시 배낭을 꾸렸다. 생각이 다시 그 길로 가고 있었기 때문에. 마음이 먼저 일어섰기 때문에. 그것을 알고도 모른 체할 수 없기 때문에. 얼마나 다행인가? 모든 것이 끝이라고 생각하고 주저앉았던 일이 이렇게 시작 앞에 있으니 얼마나 다행인가? 이 배낭을 메고 나서는 순간부터의 일을 누구도 알 수는 없지만 기다린다고 다가오지 않으므로 찾아가는 수밖에 없을 것이다. 그곳이 어딘지 모르지만 일단은 움직여야 지금을 벗어날 수 있으므로. 다시 시작이다. 이미 움직였으므로.

시작은 움직임이다. 움직여야 비로소 시작이다. 생각이든 몸이든 움직여야 시작이다. 어떤 식으로든 움직여야 시작인 것이다. 움직일 수 있는 모든 것은 시작할 수 있다는 것이다. 몸도 마음도 생각도 무엇이든 그렇게 움직여야 시작이다. 너의 마음이 움직이기 시작했다는 것은 이미 지구를 한 바퀴 돌았다는 것일지도 모른다. 너는 다시 시작할 준비가 끝났다. 언제나 이루지 못한 사람의 마음은 늘 시작 앞에 있다. 언제나의 지금이다. 지금부터 시작이다. 당신의 마음이 움직였으므로. 끝을 본 자만 다시 시작하는 것이기도 하다.

습관이다,
너의 방향으로 기우는 일.
실수다,
그것을 말하지 못한 일.
버릇이다,
아무것도 모르는 너를 보며 다시 웃는 일.
고쳐지지 않는 모든 것이 너로부터 비롯되었다.

내일도 걸으며 생각할 것이다.
오늘 생각했던 것들에 대하여.
무엇이 달라졌고 무엇이 변하지 않았는지에 대해서.
걸으며 만나는 모든 것,
그것은 나의 증거이자 전부다.
그러므로 나는 결코 멈출 수 없다.

Epilogue

다시,
그날의 바람이 분다.

바람이 분다. 그 바람이 좋았다. 그래서 바람이 보이고 그 바람을 만질 수 있는 곳을 찾았다. 좋은 것은 살짝만 스쳐도 거대하게 느껴지는 이유로 나는 이 섬에서 자주 행복하다. 그래서 그냥 부는 바람 정도가 아니라 휘어지도록 바람이 부는 이 섬으로 오길 잘했다는 생각이 든다. 혼자가 아니라서 다행이라는 생각을 한다.

겨울이 시작되던 날. 오랜 여행에서 돌아와 다시 여행을 하듯 이 섬으로 거처를 옮겼다. 내가 태어나고 살았던 육지에서 얼마간 분리된 마음으로 날아왔다. 이곳 섬에 안착하기까지 내내 겨울이었다. 겨울은 원래 추운 것이지만 따뜻한 남쪽의 이 섬에는 내 속의 불안을 제외하면 아무것도 추울 일이 없었다. 누군가가 생각하는 여행지에서 생활자로 살아가는 일은 여행 아닌 여행처럼 느껴지는 일에서 비롯될 것이다. 하지만 불안함도 늘 삶의 한 부분임을 알게 해주던 길 위의 일들은 잊지 않는다. 아무리 몰아쳐도 휘어지지 않던 그날의 바람처럼 마음속의 단어들을 떠올렸다. 때로는 그 단어 속에서 이어지던 말들이 섬처럼 마음속을 떠돌다가 다시 섬처럼 고립되기도 했지만 이미 내 속에서 굳건히 자라난 말들이 있다. 그리고 내 곁엔 사람, 사람이 있다. 심한 바람에 자주 휩쓸렸던 겨울 내내 먼 기억만을 보살피는 동안 지치지 말라며 곁에서 큰 힘을 주었던 사람이 있고 바다 저편에서 무언의 마음으로 보내던 격려들도 넘친다. 그 큰 마음들을 생각하면 휘어지는 바람 속에서도 따뜻하다. 세상 어디에서 살더라도 결국 내 마음 가까이에 있는 것들을 떠올리면 고립이 아니다. 늘 곁이다. 그들로 인해 결코 내가 나로 사는 일이 개인의 일이 아니라는 것을 다시 한 번 느낀다. 그렇게 나도 가끔 그 누군가의 곁이 될 것을 믿는다. 세상을 떠돌며 길 위에서 배운 나의 말들이 그대들이 지나가고 있는 삶이라는 길목에 잠시 비춰져 그것으로 인해 어느 정도 힘이 되었으면 한다. 그대는 그대 마음속의 말들을 또 그대의 방식대로 창조해가면서 살게 될 것이므로 사는 일은 아무것도 아닌 그저 마음의 일들. 그 마음을 각자의 방식대로 잘 헤아려 스스로 행복해지는 일만이 유일한 자유가 될 수 있지 않을까 생각한다.

 바람이 별을 닦는 깊은 밤. 여전히 이 섬을 배회하는 바람이 좋다. 먼 곳을 비추고 있을 그대의 별들이, 그대가 아직 가보지 못한 길 위에서 빛나고 있다.

이 책으로 인연 된 모든 분과 제 곁의 모든 이에게 마음속 깊이 감사함을 전합니다.

나는 걸었고
세상은 말했다
ⓒ 변종모 2014

2014년 4월 15일 초판 1쇄 발행
2014년 11월 5일 초판 3쇄 발행

지은이 | 변종모
발행인 | 이원주
책임편집 | 이한아
책임마케팅 | 조용호

발행처 | (주)시공사
출판등록 | 1989년 5월 10일(제3-248호)

주소 | 서울시 서초구 서초동 사임당로 82 (우편번호 137-879)
전화 | 편집(02)2046-2853·영업(02)2046-2878
팩스 | 편집(02)585-1755·영업(02)588-0835
홈페이지 | www.sigongsa.com

ISBN 978-89-527-7130-8 13810

이 책의 내용을 무단 복제하는 것은 저작권법에 의해 금지되어 있습니다.
파본이나 잘못된 책은 구입한 서점에서 교환하여 드립니다.